健康中国与全民健身的融合发展研究

王金花 ◎ 著

北京理工大学出版社
BEIJING INSTITUTE OF TECHNOLOGY PRESS

内容提要

本书在进行大规模社会调查和对大量国内外相关理论研究成果进行总结的基础上，以提高人民健康水平为核心，以体制机制改革创新为动力，从广泛的健康影响因素入手，通过对影响全民健身服务实践各要素的分析，根据《"健康中国2030"规划纲要》的要求，提出了全民健身的运行机制和保障机制。

本书主要介绍了健康中国与全民健身、全民健身运动理论研究、全民健身方法研究、体育健身与运动方法研究、科学发展观指导下的全民健身服务实践体系内涵研究、全民健身与大众体育研究、全民健身新模式——生态体育的开发研究等内容。编写本书的目的是推进健康中国建设，推行健康文明的生活方式，营造绿色安全的健康环境，调整优化健康服务体系，更好地满足人民群众的健康需求。

版权专有　侵权必究

图书在版编目（CIP）数据

健康中国与全民健身的融合发展研究／王金花著．—北京：北京理工大学出版社，2018.5

ISBN 978-7-5682-5595-0

Ⅰ.①健… Ⅱ.①王… Ⅲ.①全民健身—研究—中国 Ⅳ.①G812.4

中国版本图书馆CIP数据核字（2018）第094878号

出版发行／北京理工大学出版社有限责任公司

社　　址／北京市海淀区中关村南大街5号

邮　　编／100081

电　　话／（010）68914775（总编室）
　　　　　（010）82562903（教材售后服务热线）
　　　　　（010）68948351（其他图书服务热线）

网　　址／http://www.bitpress.com.cn

经　　销／全国各地新华书店

印　　刷／北京紫瑞利印刷有限公司

开　　本／710毫米×1000毫米　1/16

印　　张／9.5　　　　　　　　　　　　　　　责任编辑／王晓莉

字　　数／197千字　　　　　　　　　　　　　文案编辑／王晓莉

版　　次／2018年5月第1版　2018年5月第1次印刷　责任校对／周瑞红

定　　价／55.00元　　　　　　　　　　　　　责任印制／边心超

图书出现印装质量问题，请拨打售后服务热线，本社负责调换

前　言 Preface

随着经济的发展和社会的进步，人民群众在生活中越来越关注自己的健康，为了增强体质而参与体育健身的积极性空前提高。众所周知，一项体育运动客观上需要一定的场所、器材等，主观上要求参与者有一定的体育技术和理论知识。但是就国内目前来说，有很大一部分人因为主观的原因没有进行体育锻炼。

全民健身计划明确指出了我国体育事业未来的发展趋势，推动了体育理论的建设。全民健身计划的推行与实施对我国人民综合素质的提升有着重要的意义。

本书根据《"健康中国2030"规划纲要》的要求编写，主要介绍了健康中国与全民健身、全民健身运动理论研究、全民健身方法研究、体育健身与运动方法研究、科学发展观指导下的全民健身服务实践体系内涵研究、全民健身与大众体育研究、全民健身新模式——生态体育的开发研究等内容。作者编写本书的目的是推进健康中国建设，推行健康文明的生活方式，营造绿色安全的健康环境，调整优化健康服务体系，更好地满足人民群众的健康需求。

本书编写过程中，虽经推敲核证，但限于笔者的专业水平和实践经验，仍难免有疏漏或不妥之处，恳请广大读者指正。

著　者

目 录 Contents

第一章 健康中国与全民健身 … 1

第一节 健康中国规划纲要 … 1
一、健康中国规划解读 … 1
二、"全民健身"与"全民健康"深度融合 … 6

第二节 全民健身体系概述 … 10
一、全民健身体系的概念与内涵 … 10
二、全民健身体系的基本特征 … 11
三、全民健身体系的基本构架 … 12
四、《全民健身计划纲要》解读 … 14

第三节 我国全民健身的现状及发展解析 … 22
一、我国全民健身的发展现状分析 … 22
二、全民健身计划实施中亟待解决的问题 … 23
三、我国全民健身运动发展对策研究 … 24

第二章 全民健身运动理论研究 … 26

第一节 全民健身运动的科学理论基础 … 26
一、全民健身运动的生理学基础 … 26
二、全民健身运动的心理学基础 … 28

第二节 全民健身运动的原则 … 33

第三节 全民健身运动的科学保障理念与方法 … 35
一、全民健身运动的营养消耗与补充 … 35
二、全民健身运动的伤病与恢复 … 37

三、全民健身的科学医务监督 …………………… 40

第三章　全民健身方法研究 …………… 43

第一节　城市社区体育健身 …………… 43
一、城市社区体育概述 …………………… 43
二、全民健身路径的内涵 ………………… 48
三、当前社区健身路径开展现状 ………… 49
四、社区全民健身路径的发展对策 ……… 50
五、社区健身器械健身方法指导 ………… 51

第二节　社会不同群体的健身方法研究 ……56
一、不同年龄群体的健身方法指导 ……… 56
二、不同性别群体的健身方法指导 ……… 58

第四章　体育健身与运动方法研究 ………… 61

第一节　常见的休闲体育健身 …………… 61
一、健身走与健身跑 ……………………… 61
二、游泳健身 ……………………………… 62
三、球类运动健身 ………………………… 71

第二节　民族传统体育健身与运动方法研究 ……… 87
一、武术健身 ……………………………… 87
二、气功术健身 …………………………… 92

第五章 科学发展观指导下的全民健身服务实践体系内涵研究…… 97

第一节 全民健身服务实践体系研究 ……… 97
一、全民健身服务体系的内涵 ……… 97
二、全民健身服务体系与和谐社会的相辅相成关系 … 97
三、和谐社会背景下全民健身服务体系框架构建 …… 100

第二节 全民健身服务实践体系具体研究 ……… 102
一、全民健身服务体系的特点 ……… 102
二、构建新时期全民健身服务体系的改革对策 ……… 103
三、全民健身体系中存在的问题 ……… 104
四、如何构建全民健身体系 ……… 105
五、完善全民健身公共服务组织管理体系的研究 …… 106
六、全民健身指导体系建设 ……… 107

第六章 全民健身与大众体育研究 ……… 111

第一节 大众体育概述 ……… 111
一、大众体育 ……… 111
二、大众体育的价值 ……… 111
三、培养大众体育价值观的意义 ……… 112
四、我国大众体育文化的发展历程 ……… 113
五、我国大众体育发展的基本特征 ……… 114
六、大众体育未来发展趋势 ……… 114

第二节 大众体育发展研究 …………………… 115
　一、大众体育发展现状 …………………… 115
　二、分析城市大众体育发展模式 …………… 116
　三、发展城市大众体育方法 ………………… 116
　四、竞技体育对大众体育的影响研究 ……… 117
　五、浅论建设大众体育强国的对策和措施 … 119
　六、大众体育消费研究 ……………………… 121

第七章 全民健身新模式——生态体育的开发研究 …………………………… 126

第一节 生态体育研究 ………………………… 126
　一、生态体育形成和确立 …………………… 126
　二、我国推进生态体育建设存在的问题 …… 129
　三、生态体育的价值目标：生态文明 ……… 130
　四、生态体育的发展前景展望 ……………… 132

第二节 生态体育模式研究 …………………… 132
　一、城市生态体育模式的构建与应用 ……… 132
　二、体育生态系统的各要素和谐发展 ……… 134
　三、学校体育生态化的理论构想 …………… 136

参考文献 ……………………………………… 143

第一章 健康中国与全民健身

第一节 健康中国规划纲要

一、健康中国规划解读

2016年8月26日,中共中央政治局在北京召开会议,审议通过了《"健康中国2030"规划纲要》。中共中央总书记习近平主持会议。会议强调:"健康是促进人的全面发展的必然要求,是经济社会发展的基础条件,是民族昌盛和国家富强的重要标志,也是广大人民群众的共同追求。"

常言道:"身体是革命的本钱。"前人俗语,言浅理深,为加快中国特色社会主义的建设进程,我们必须推进健康中国的建设。我党明确指出,要从"五位一体"总体布局和"四个全面"战略布局出发,对当前和今后时期更好地保障人民健康做出制度性安排,改进民众"人命在天,物命在人"的错误健康理念。

"读过古华佗,不如见症多",从实际出发,总结我党在人民健康工作中的经验,把保障人民健康、全面建成小康社会视为急需解决的工作目标。全面贯彻落实党的十八届五中全会精神,妥善实施《"健康中国2030"规划纲要》,对人民健康负责,履行我国对联合国《2030可持续发展议程》的承诺。人民健康要从基层做起,要从小事抓起。"万金良药,不如无疾"。首先以"贫无可奈惟求俭,拙亦何妨只要勤"的预防为主,建设完善的医疗制度和体系。从食品安全入手,以解决当下医疗问题为主旨,让群众的生活环境更健康、生活方式更加绿色,从而减少疾病的发生。习近平总书记指出:"要调整优化健康服务体系,强化早诊断、早治疗、早康复,坚持保基本、强基层、建机制,更好满足人民群众健康需求。"

中华人民共和国成立特别是改革开放以来,我国健康领域改革发展成就显著,人民健康水平不断提高。但是我国也面临着工业化、城镇化、人口老龄化等问题,陆续出现一些新挑战,需要我党统筹解决。新形势下,我们应着眼于人民健康、着眼于重大的、长远的问题,调整优化健康服务体系,强化早诊断、早治疗、早康复,坚持保基本、强基层、建机制,更好地满足人民群众的健康需求。

在规划纲要推进中,牢固树立和贯彻落实创新、协调、绿色、开放、共享的发展理念,坚持正确的卫生与健康工作方针是每一位工作者需要秉持的理念。"中国梦"需要每一位健康的中国人去实现,人民群众更要"关己为先,重事为前",坚持健康优先,用"安营时虑险防患"的意识维护人民健康。在改革创新的大环境下科学地发展各项健康项目,以体制机制改革创新为动力,从广泛的健康影响因素入手,如医疗卫生、食品安全、环境卫生、公共设施建设;从普及健康生活、优化健康服务入手,如健身设施、素质教育;从完善健康保障、建设健康环境、发展健康产业入手,如养生经济、城市蓝天行动;把健康融入所有政策,全方位、全周期保障人民健康,大幅提高健康水平。

健康工作不容忽视,各级党委和政府要增强责任感和紧迫感,把人民健康放在优先发展的战略地位,抓紧研究制定配套政策,坚持问题导向,抓紧补齐短板,不断为实现"两个一百年"的奋斗目标、实现中华民族的伟大复兴打下坚实的基础。尤其要重视对突出问题的解决,包括妇女、儿童、老年人、残疾人、流动人口、低收入人群等重点人群的健康问题。《"健康中国2030"规划纲要》是我党"为人民服务"的承诺履行,也是政府"系民间之疾苦"的行动落实。在强化组织实施的基调下,政府只有加强对体制机制的改革、加快对健康人力资源的建设,群众的生活和健康质量才会持续提升。未来我国将继续坚持健康科技创新,建设健康信息化服务体系,加强健康法治建设,扩大健康国际交流合作,用多方位的落实方案来抓中国健康事业,促进经济稳步发展。

(一)"健康中国2030"战略思想

"健康中国2030"战略是一项旨在全面提高全民健康水平的国家战略,是在准确判断世界和中国卫生改革发展大势的基础上、在深化医药卫生体制改革的实践中形成的一项需求牵引型的国民健康发展战略。"健康中国2030"战略思想的提出,是科学发展观在国民健康领域的具体体现,是卫生系统探索中国特色卫生改革发展道路集体智慧的结晶,是卫生战线对中国特色卫生事业发展理论体系的丰富发展。

"健康中国2030"战略是以科学发展观为指导,以全面维护和增进人民健康、提高人民的健康水平、实现社会经济与人民健康协调发展为目标,以公共政策为落脚点,以重大专项、重大工程为切入点的国家战略。实施"健康中国2030"战略,是构建和谐社会的重要基础性工程,有利于全面改善国民健康,确保医改成果为人民共享,也有利于促进经济发展方式的转变,充分体现贯彻落实科学发展观的根本要求。

(二)"健康中国2030"战略研究

关于卫生事业发展的指导思想,"健康中国2030"战略研究提出,卫生事业发展要以邓小平理论和"三个代表"重要思想为指导,深入贯彻落实科学发展观和习近平新时代中国特色社会主义思想,把健康摆在优先发展的战略地位,将"健康强国"作为一项基本国策;坚持以人为本,以社会需求为导向,把维护人民健康权益放在第一位,以全面促进人民健康,提高健康的公平性,实现社会经济与人民健康协调发展为出发点和落脚点;强调"预防为主",实现医学模式的根本转变,以公共政策、科技进步、中西医结合、重大行动为切入点,着力解决长期(或长远)威胁我国人民生命安全的重大疾病和健康问题;实施综合治理,有机协调部门职能,充分调动各方面积极性,共同应对卫生挑战,实现"健康中国,多方共建,全民共享"。

关于卫生事业发展的基本原则,"健康中国2030"战略研究提出,卫生事业发展要坚持以下四个方面的原则:一是坚持把"人人健康"纳入经济社会发展规划目标;二是坚持公平效率统一,注重政府责任与市场机制相结合;三是坚持统筹兼顾,突出重点,增强卫生发展的整体性和协调性;四是坚持预防为主,适应并推动医学模式转变。

(三)"健康中国2030"战略目标

为实现卫生事业与国民健康的发展目标,"健康中国2030"战略研究构建了一个体现科学发展观的卫生发展综合目标体系,将总体目标分解为可操作、可测量的10个具体目标和95个分目标。这些目标涵盖了保护和促进国民健康的服务体系及其支撑保障条件,是监测和评估国民健康状况、有效调控卫生事业运行的重要依据。

10个具体目标是:国民主要健康指标进一步改善,到2030年,人均预期寿命达到77岁,5岁以下儿童死亡率下降到13‰,孕产妇死亡率降低到20/10万,减少地区间健康状况的差距;完善卫生服务体系,提高卫生服务可及性和公平性;健全医疗保障制度,减少居民疾病经济风险;控制危险因素,遏止、扭转和减少慢性病的蔓延和健康危害;强化传染病和地方病防控,降低感染性疾病危害;加强监测与监管,保障食品药品安全;依靠科技进步,适应医学模式的转变,实现重点前移、转化整合战略;继承创新中医药,发挥中医药等我国传统医学在保障国民健康中的作用;发展健康产业,满足多层次、多样化卫生服务需求;履行政府职责,加大健康投入,到2030年,卫生总费用占GDP的比重达到6.5%~7%,

保障"健康中国 2030"战略目标的实现。

(四)"健康中国 2030"战略研究重点

"健康中国 2030"战略研究依据危害的严重性、影响的广泛性、明确的干预措施、公平性及前瞻性的原则,筛选出了针对重点人群、重大疾病及可控健康危险因素的 3 类优先领域,并进一步提出了分别针对上述 3 类优先领域以及实现"病有所医"可采取的 21 项行动计划作为今后一个时期的重点任务,包括针对重点人群的母婴健康行动计划、改善贫困地区人群的健康行动计划及职业健康行动计划;针对重大疾病的重点传染病控制行动计划、重点慢性病防控行动计划、伤害监测和干预行动计划;针对健康危险因素的环境与健康行动计划、食品安全行动计划、全民健康生活方式行动计划、减少烟草危害行动计划;促进卫生发展,实现"病有所医"的医疗卫生服务体系建设行动计划、卫生人力资源建设行动计划、强化基本医疗保险制度行动计划、促进合理用药行动计划、保障医疗安全行动计划、提高医疗卫生服务效率行动计划、公共安全和卫生应急行动计划、推动科技创新计划、国家健康信息系统行动计划、中医药等我国传统医学行动计划、发展健康产业行动计划。

(五)"健康中国 2030"战略研究的政策措施

"健康中国 2030"战略研究提出了推动卫生事业发展的 8 项政策措施。一是建立促进国民健康的行政管理体制,形成医疗保障与服务统筹一体化的"大卫生"行政管理体制;二是健全法律支撑体系,依法行政;三是适应国民健康需要,转变卫生事业发展模式,从注重疾病诊疗向预防为主、防治结合转变,实现关口前移;四是建立与经济社会发展水平相适应的公共财政投入政策与机制,通过增加政府卫生投入和社会统筹,将个人现金卫生支出降低到 30% 以内;五是统筹保障制度发展,提高基本医疗保险筹资标准和补偿比例,有序推进城乡居民医保制度统一、管理统一;六是实施"人才强卫"战略,提高卫生人力素质;七是充分发挥中医药等我国传统医学优势,促进中医药继承和创新;八是积极开展国际交流与合作。

中共中央、国务院于 2016 年 8 月印发《"健康中国 2030"规划纲要》(以下简称《规划纲要》)。《规划纲要》明确,"共建共享、全民健康"是建设健康中国的战略主题,全民健康是建设健康中国的根本目的。为实现以上目标,《规划纲要》还从普及健康生活、优化健康服务、完善健康保障、建设健康环境、发展健康产业等方面进行了部署。

《规划纲要》要求到 2030 年具体实现以下目标。

人民健康水平持续提升。人民身体素质明显增强,2030 年人均预期寿命达到

79.0岁，人均健康预期寿命显著提高。

主要健康危险因素得到有效控制。全民健康素养大幅提高，健康生活方式得到全面普及，有利于健康的生产生活环境基本形成，食品药品安全得到有效保障，消除一批重大疾病危害。

健康服务能力大幅提升。优质高效的整合型医疗卫生服务体系和完善的全民健身公共服务体系全面建立，健康保障体系进一步完善，健康科技创新整体实力位居世界前列，健康服务质量和水平明显提高。

健康产业规模显著扩大。建立起体系完整、结构优化的健康产业体系，形成一批具有较强创新能力和国际竞争力的大型企业，成为国民经济支柱性产业。

促进健康的制度体系更加完善。有利于健康的政策法律法规体系进一步健全，健康领域治理体系和治理能力基本实现现代化。

(1) 到2030年，居民营养知识素养明显提高，营养缺乏疾病发生率显著下降，全国人均每日食盐摄入量降低20%，超重、肥胖人口增长速度明显放缓。

(2) 到2030年，15岁以上人群吸烟率降低到20%。

(3) 到2030年，常见精神障碍防治和心理行为问题识别干预水平显著提高。

(4) 到2030年，基本建成县乡村三级公共体育设施网络，人均体育场地面积不低于2.3平方米，在城镇社区实现15分钟健身圈全覆盖。

(5) 到2030年，学校体育场地设施与器材配置达标率达到100%，青少年学生每周参与体育活动达到中等强度3次以上，国家学生体质健康标准达标优秀率25%以上。

(6) 到2030年，实现全人群、全生命周期的慢性病健康管理，总体癌症5年生存率提高15%。加强口腔卫生，12岁儿童患龋率控制在25%以内。

(7) 到2030年，15分钟基本医疗卫生服务圈基本形成，每千常住人口注册护士数达到4~7人。

(8) 到2030年，中医药在治病中的主导作用、在重大疾病治疗中的协同作用、在疾病康复中的核心作用得到充分发挥。

(9) 到2030年，全民医保体系成熟定型。

(10) 到2030年，全民医保管理服务体系完善高效。

(11) 到2030年，现代商业健康保险服务业进一步发展，商业健康保险赔付支出占卫生总费用比重显著提高。

(12) 到2030年，国家卫生城市数量提高到全国城市总数的50%，有条件的省（自治区、直辖市）实现全覆盖。

(13)到 2030 年，建成一批健康城市、健康村镇建设的示范城市和示范村镇。

(14)到 2030 年，食品安全风险监测与食源性疾病报告网络实现全覆盖。

(15)到 2030 年，力争实现道路交通万车死亡率下降 30%。

(16)到 2030 年，城乡公共消防设施基本实现全覆盖。

(17)到 2030 年，建立起覆盖全国、较为完善的紧急医学救援网络，突发事件卫生应急处置能力、紧急医学救援能力达到发达国家水平。进一步健全医疗急救体系，提高救治效率。

(18)到 2030 年，力争将道路交通事故死伤比基本降低到中等发达国家水平。

(19)到 2030 年，药品、医疗器械质量标准全面与国际接轨。

(20)到 2030 年，具有自主知识产权新药和诊疗装备国际市场份额大幅提高，高端医疗设备市场国产化率大幅提高，实现医药工业中高速发展和向中高端迈进，跨入世界制药强国行列。

(21)到 2030 年，实现每千人拥有社会体育指导员 2~3 名。

(22)到 2030 年，实现国家省市县四级人口健康信息平台互通共享、规范应用，人人拥有规范化的电子健康档案和功能完备的健康卡，远程医疗覆盖省市县乡四级医疗卫生机构，全面实现人口健康信息规范管理和使用，满足个性化服务和精准化医疗的需求。

二、"全民健身"与"全民健康"深度融合

(一)指导思想和原则

全面贯彻党的十八大及十八届三中、四中、五中、六中全会精神和习近平总书记系列重要讲话精神，落实党中央、国务院决策部署，落实全国卫生与健康大会精神，坚持以人民为中心的发展思想，以满足人民群众健康需求和解决主要健康问题为导向，坚持政府主导、部门协作、动员社会、全民参与，以"和谐我生活，健康中国人"为主题，开展涵盖合理膳食、适量运动、控烟限酒、心理健康等内容的专项行动，积极营造健康支持性环境，科学传播健康知识，广泛传授健康技能，深入倡导全民健康文明的生活方式，提升个人的健康意识和行为能力，推动疾病治疗向健康管理转变，为全面推进健康中国建设提供有力支撑。

(二)行动目标

全国开展行动的县(区)覆盖率到 2020 年达到 90%，2025 年达到 95%，积极推广健康支持性环境建设，大力培训健康生活方式指导员，要求开展行动的县

(区)结合当地情况，深入开展"三减三健"(减盐、减油、减糖、健康口腔、健康体重、健康骨骼)、适量运动、控烟限酒和心理健康这4个专项行动。实现到2020年，全国居民健康素养水平达到20%，2025年达到25%，形成全社会共同行动，推广践行健康生活方式的良好氛围。

(三)行动策略

1. 政府主导，部门协作，创造健康支持性环境

各地区将推进全民健康生活方式行动作为健康中国建设重要内容，坚持政府主导、部门协作，将健康融入所有政策，紧密结合国家卫生城市、健康城市、慢性病综合防控示范区和健康促进县(区)等建设工作，依托国家基本公共卫生服务均等化项目、全民健身活动、全民健康素养促进行动、健康中国行活动等平台，开展健康支持性环境建设。卫生计生部门要大力宣传健康生活方式核心信息，推广健康支持性工具，建设无烟环境，培育健康生活方式指导员队伍，开展健康生活方式指导员"五进"活动(进家庭、进社区、进单位、进学校、进医院)。

体育部门要健全群众身边的体育健身组织，建设群众身边的体育健身设施，丰富群众身边的体育健身活动，支持群众身边的体育赛事，提供群众身边的健身指导，弘扬群众身边的健康文化，携手卫生计生等相关部门培养运动康复医生、健康指导师等相关人才，推进国民体质监测与医疗体检有机结合，推进体育健身设施与医疗康复设施有机结合，推进全民健身和全民健康深度融合。各级工会、共青团、妇联组织要充分发挥宣传阵地作用，通过组织群众乐于参与的活动推广健康生活方式，积极创造有益于健康的环境。

2. 动员社会，激活市场，倡导践行健康生活方式

广泛动员社会各界，激发市场活力，在规范合作的基础上，鼓励、引导、支持各类公益慈善组织、行业学(协)会、社会团体、商业保险机构、企业等择优竞争，积极参与全民健康生活方式行动。针对人民群众健康生活需求，建设健康生活方式相关设施，开发和推广健康促进技术和健康支持工具，利用大数据、云计算、智能硬件、手机APP等信息技术，创新健康管理模式，提高健康生活方式相关服务可及性。在全社会营造良好的健康服务消费环境，帮助群众体验健康生活方式带来的益处和乐趣，提升百姓健康产品和服务供给的获得感，增强群众维护自身健康的能力。

3. 多措并举，全民参与，塑造自主自律的健康行为

倡导"每个人是自己健康第一责任人"的理念。鼓励个人、家庭使用控油壶、限盐勺、体质指数速算尺等健康支持工具，促使群众主动减盐减油减糖，合理膳食。引导群众积极参加健身操（舞）、健步走、太极拳（剑）、骑行、跳绳、踢毽等简便易行的健身活动，发挥中医治未病优势，大力推广传统养生健身法。深入开展控烟限酒教育，促使群众主动寻求戒烟咨询和服务，减少酒精滥用行为。强调培养自尊、自信、自强、自立的心理品质，提升自我情绪调适能力，保持良好心态。扶持建立居民健康自我管理组织，构建自我为主、人际互助、社会支持、政府指导的健康管理模式。

4. 科学宣传，广泛教育，营造健康社会氛围

每年围绕一个健康宣传主题，结合9月1日全民健康生活方式日等各类健康主题日，广泛宣传健康科普知识。充分发挥工会、共青团、妇联等群众团体的桥梁纽带作用和宣传动员优势，以百姓关注、专业准确、通俗易懂的核心信息为主体，采取日常宣传和集中宣传相结合、主题宣传与科普宣教互辅佐、传统媒体与新媒体共推进的形式，策划打造全民健康生活方式行动品牌，积极传播健康生活方式核心信息，努力营造促进健康生活方式的舆论环境。

（四）专项行动

各地结合工作实际，针对重点人群和重点场所，组织实施"三减三健"、适量运动、控烟限酒和心理健康等专项行动。

1. "三减三健"专项行动

确定重点人群，减盐、减油、减糖行动以餐饮从业人员、儿童青少年、家庭主厨为主，健康口腔行动以儿童青少年和老年人为主，健康体重行动以职业人群和儿童青少年为主，健康骨骼行动以中青年和老年人为主。传播核心信息，提高群众对少盐少油低糖饮食与健康关系的认知，帮助群众掌握口腔健康知识与保健技能，倡导天天运动、维持能量平衡、保持健康体重的生活理念，增强群众对骨质疏松的警惕意识和自我管理能力。

通过开展培训、竞赛、评选等活动，引导餐饮企业、集体食堂积极采取控制食盐、油脂和添加糖使用量的措施，减少含糖饮料供应。配合学校及托幼机构健康教育课程设计，完善充实健康饮食、口腔卫生保健、健康体重等相关知识与技能培训内容，开展健康教育主题活动，鼓励减少含糖饮料和高糖食品的摄入。通过开展"减盐控油在厨房，美味家庭促健康""聪明识别添加糖""健康牙齿、一生相伴""健康骨骼、健康人生"等社区活动，组织群众知识竞赛、健骨运动操比赛等，传授选择健康食品和健康烹饪的技巧、口腔保健方法和预防骨质疏松的健康习惯。在职业场所开展健步走、减重比赛等体重控制及骨质疏松预防活动，协助提供个性化健康指导与服务。对基层医务人员和健康生活方式指导员开展相关核心信息培训，提高社区健康指导能力，有条件的县（区）建立骨质疏松健康管理基地（门诊）。

2.“适量运动”专项行动

促进体医融合，积极推进在公共卫生机构设立科学健身指导部门，积极倡导通过科学健身运动预防和促进疾病康复的知识和方法，在街道、乡镇开展健康促进服务试点，建立"体医融合"的健康服务模式。积极推进社会"运动处方"专业体系建设，开展家庭医生开具运动处方工作试点，提倡开展个性化的科学健身指导服务体系，提倡社会各单位将健康指标与工作效率相结合的评价机制。鼓励媒体和社会机构宣传体医融合、科学健身的文化观念，在大众中广泛普及科学健身知识，提高全民健身科学化水平。

3.“控烟限酒”专项行动

创建无烟环境，禁止公共场所吸烟，开展无烟卫生计生机构、无烟机关、无烟学校、无烟企业等创建活动，发挥领导干部、卫生计生系统带头作用。以青少年、女性等为重点，发挥医生、教师、公务员、媒体人员的示范力量，围绕减少烟草烟雾危害、推广科学戒烟方法等主题，开展"送烟＝送危害""戒烟大赛"等宣传教育活动，倡导公众养成健康、文明的"无烟"生活方式。推广12320和4008085531戒烟热线咨询，开展戒烟门诊服务，营造"不吸烟、不敬烟、不送烟"的社会氛围。倡导成年人理性饮酒，广泛宣传过量饮酒对健康的危害，以及对家庭、社会可能造成危害的酒驾、暴力犯罪等的负面影响。以青少年儿童为重点人群，在学校广泛开展专项教育活动，宣传饮酒对其体格和智力发育等方面的影响，引导其远离酒精，并向家庭辐射传播酒精危害的相关知识。

4.“心理健康”专项行动

广泛开展心理健康科普宣传，传播心理健康知识，提升全民心理健康素养。引导公民有意识地营造积极心态，调适情绪困扰与心理压力。开展心理健康"四进"活动："一进单位"，用人单位为员工提供健康宣传、心理评估、教育培训、咨询辅导等服务。"二进学校"，广泛开展以"培育积极的心理品质，培养良好的行为习惯"为主题的学生心理健康促进活动。"三进医院"，在诊疗服务中加强人文关怀，普及心理咨询和心理治疗技术，积极发展多学科心理和躯体疾病联络会诊制度，与高等院校、社会心理服务机构建立双向转诊机制。"四进基层"，在专业机构指导下，基层医疗卫生机构为社区居民逐步提供心理评估和心理咨询服务，依托城乡社区综合服务设施、基层综治中心建立心理咨询（辅导）室或社会工作站，对社区居民开展心理健康知识宣传和服务。

(五)保障措施

1. 加强组织领导

各地要坚持政府主导、部门协作、动员社会、全民参与的工作机制,统筹协调,综合各方力量,依托各个工作平台,共同制定因地制宜的行动实施方案,做好科学指导、组织实施、信息上报和评估工作。

2. 整合工作资源

将全民健康生活方式行动的具体内容与健康城市建设、慢性病综合防控示范区建设、全民健康素养行动等工作统筹规划,有效整合资源,确保行动实效。加强对活动实施的组织保障和经费支持,积极推动社会参与,吸引社会资本共同开展活动。

3. 加强队伍能力建设

定期开展项目培训,提高各行动工作队伍的组织、管理、实施和评估等能力。加强国内外交流与合作,学习和借鉴国内外开展健康促进行动的成功经验,引进与健康生活方式相关的先进理念和技术,不断完善和丰富行动内涵,促进行动可持续发展。

4. 强化督导与评估

省级行动办组织辖区各级行动办每年开展2次工作信息逐级审核上报。国家行动办定期汇总通报全国进展情况,同时结合其他调查及监测数据,掌握目标进展,制定评估方案,定期组织评估。定期开展督导检查和技术指导,总结推广好的措施和方法,年度推选30~50个行动开展典型示范区县和20~30个行动参与先进单位,在全国范围内宣传推广。全民健康生活方式行动网站提供工作信息上报和技术资料下载。

第二节 全民健身体系概述

一、全民健身体系的概念与内涵

所谓全民健身体系,就是一个能够不断为全体国民提供体育健身的基本环境和条件,满足全体国民体育健身的基本需求,使全体国民健康素质得到明显提高的服务和保障系统。全民健身体系的基本目标就是实现"全民族健康素质的明显提高"的奋斗目标,全民健身体系的基本功能就是不断满足全体国民体育健身的基本需求,在体育服务方面实现"惠及十几亿人口"的目标。全民健身体系的基本任务就是不断为全体国民提供体育健身的基本环境和条件,在体育生活方面实现"人民生活更加殷实"。全民健身体系的基本特征是全面性、系统化、多元化、服务性、保障性和平民化,其核心是服务性的保障性。

二、全民健身体系的基本特征

(1)全面性。这既是"全民健身体系"中"全民"的要求,也是"全面建设小康社会"中"全面"的规定,它包括服务人群的全面性、服务内容的全面性和服务范围的全面性。全民健身体系要"惠及十几亿人口",而不是惠及一部分人,在坚持城市体育以社区为重点、关注市民体育的同时,要兼顾单位体育和职工体育;在坚持农村体育以乡镇为重点、关注乡镇居民体育的同时,要兼顾村屯体育和农民体育;在坚持青少年体育以学校为重点、关注在校生体育的同时,要兼顾青少年校外体育和社会上的青少年体育,这样才能实现"惠及十几亿人口",才能真正"始终代表最广大人民群众的根本利益"。

(2)系统化。这是"全民健身体系"中"体系"的要求。它包括服务功能的系统化和保障条件的系统化,最终形成一个能够不断满足全体国民体育健身基本需求的完整的、配套的服务体系,而不是孤立地、零碎地搞一两项活动,搞一两项建设。

(3)多元化。这是由社会主义市场经济条件下经济多样化、文化多样化以及人的体育需求多样化所决定的。它包括服务对象的多元化、组织结构的多元化、投资主体的多元化和活动内容的多元化。要满足不同阶层人群的体育健身需求,就要在强化政府对人民体质与健康负总责、负主责的同时,充分调动全社会的力量齐抓共管,形成合力;就要形成政府依靠公共财政提供基本体育公共物品和服务,市场提供私人体育物品和服务的格局;就要提供各色各样、科学文明的体育活动形式和内容,供不同的人选择,只有建立一个多元化的全民健身体系,才能使更多的人参与体育,使更多的人受益。

(4)服务性。这是由党和政府全心全意为人民服务的宗旨决定的。这个体系要为广大人民群众参与体育健身活动服务,为明显提高全民族健康素质服务,为积极形成全民族健全心理服务,为提高人民生活质量服务,为繁荣体育事业、建设先进文化、推动经济发展服务。

(5)保障性。这是由我国群众体育事业的公益性所决定的。党中央和国务院在《关于进一步加强和改进新时期体育工作的意见》中明确提出"群众性体育事业属于公益性事业"。这个体系要"保障广大人民群众享有基本的体育服务",保障法定的公民的体育权益切实得以实现;保障政府承担的体育责任切实得到落实;保障基本的体育健身环境和条件切实得到改善;保障全民族健康素质切实得到明显提高。

(6)平民化。这是由我国社会主义国家性质和"三个代表"重要思想决定的。它是指在体现服务人群全面性和服务对象多元化的同时,要突出体现这个体系切实为占人口大多数的普通老百姓和中低收入人群服务,切实保障这些人群的平等参与和平等受益,使其真正"享有基本的体育服务"。

三、全民健身体系的基本构架

从全民健身体系的基本含义和基本特征出发,所构建的全民健身体系分为两大部分,一部分称为体育服务体系或直接服务体系。它是直接为人们参与体育健身活动服务的部分。人们直接与这一部分中的要素打交道,享受这些要素带来的服务。另一部分称为体育保障体系或间接服务体系。它是为体育服务体系中诸要素提供供给、改善、支撑、保护的部分,体育参与者虽然不直接与之打交道,但享受着这个体系提供的成果。没有体育保障体系,则没有体育服务体系,即使有了,也不会健康发展或维持长久。

(一)体育服务体系的基本构架

体育服务体系包括5个子系统10个要素,一是体育场地设施系统。这是人们参与体育健身活动的最基本的空间条件或物质条件。就像校舍对于学生,医院对于患者。没有多样化的配套体育场地设施,就无法满足人们多样化的体育健身需求。这个子系统包括两个要素:公益性体育场地设施和非公益性体育场地设施。二是体育消费市场系统。这也是人们参与体育健身活动的基本空间条件或基本物质条件。同样,没有多档次、多品种的体育物品和体育服务,人们多样化的体育健身需求就无法满足。这个子系统包括两个要素:体育物品消费市场和体育服务消费市场。三是体育活动指导系统。它为人们参与体育健身活动提供科学指导。就像教师对于学生,医生对于患者。缺乏科学指导,人们的体育健身活动就是自发的、盲目的、随意的,难以得到科学保障。这个子系统包括两个要素:体育场所体育活动指导和非体育场所体育活动指导。四是体育健身组织系统。它为参与体育健身活动的人们提供组织支持,从而依靠组织的力量,发挥组织的功能,使人们获得良好的体育健身活动环境和条件,没有健全的体育健身组织,人们的体育健身活动是低水平的，很难得到科学指导。这个子系统包括两个要素：社区体育健身组织和非社区体育健身组织。五是体育信息供给系统。它为人们参与体育健身活动与交流提供信息服务。具体为传达与交流体育健身所需要的体育场所、体育消费、体育组织、体育指导、体育知识、体育感受等方面的信息，不断提高人们的体育参与程度和体育活动水平，充分发挥体育资源的效益。这个子系统包括两个要素：平面媒体信息供给和网络媒体信息供给。

(二) 体育保障体系的基本构架

体育保障体系包括3个子系统和10个要素。一是体育知识与指导系统。它为体育参与者和体育组织者提供体育科学知识支撑和宏观发展指导。避免迷失方向、多走弯路，避免事倍功半、得不偿失。这个子系统包括两个要素：体育科学知识和体育发展战略和规划。二是体育条件支持系统。它为体育服务系统提供直接的人力、物力、财力和信息等方面的支撑。没有这个子系统的支持，体育服务体系就无法构建。这个子系统包括4个要素：体育资金投入、体育宣传舆论、体育科技教育和体育法律法规。三是体育组织管理系统。它为全民健身体系的健康运转提供组织与管理保障。没有这个子系统，全民健身体系就无法运转，即使运转起来，也容易出现较大的失误，也是低效率的。这个子系统包括4个要素：体育行政机构、体育社会团体、国民体质监测和体育工作评估。

(三) 加快完善全民健身公共服务体系建设的路径

1. 优化政府主导作用

积极将全民健身公共服务融入经济社会建设中，加强沟通协调，推进政府主导、部门协同和全社会共同参与的大群体工作格局的形成。发挥公共财政的主导作用，建立全民健身公共服务发展经费保障机制，将全民健身公共服务预算纳入各级政府财政预算中，同时要在财政、税收、金融等方面给予政策支持。建立全民健身基本公共服务体系推行标准和指标体系，推进全民健身公共服务体系建设的规范化、标准化、精细化。健全全民健身体育服务体系建设评价考核机制，逐步形成客观公正、多方参与、激励先进的评价考核制度，推动全民健身公共服务体系建设。

2. 完善全民健身公共服务体系法律建设

通过修订《中华人民共和国体育法》(以下简称《体育法》)，确定全民健身公共服务的基本法律框架，明确政府提供全民健身公共服务的职能，对政府全民健身公共服务体系建设各方主体做出相应的基本规定，厘清体育行政部门、体育非政府组织、企业、个人等全民健身公共服务主体的职能定位与法律地位。在《体育法》确定全民健身公共服务基本法律框架的基础上，由国务院制定专门的全民健身公共服务的行政法规，规定促进全民健身公共服务体系建设的具体实施路径和法律措施等。

3. 推进全民健身公共服务体系城乡均等化覆盖

推进全民健身公共服务体系城乡均等化覆盖，改变农村全民健身公共服务体系建设整体水平明显低于城市的状况，增加向农村全民健身公共服务体系建设的倾斜力度。推进全民健身公共服务体系区域均等化覆盖，对于相对落后的中西部地区、民族地区等给予资金和政策上的适当倾斜，逐步缩小东、中、西等不同区域之间的差异。推进全民健身公共服务体系人群均等化覆盖和均衡发展，在场地设施建设、组织网络完善、健身服务提供等方面，统筹兼顾不同人群对全民健身基本公共服务需求和获取能力的实际差异。

4. 加快体育社会组织的全面参与

推动体育社会组织实体化发展，通过组建经营实体、建立培训基地、创建品牌赛事等方式，拉动体育产业与文化、旅游等相关产业的合作，提高体育社会组织综合服务能力，推进体育社会组织向规范化、规模化、产业化方向发展。加大政府向体育社会组织购买公共服务力度，增加政府购买体育社会组织公共服务项目的方式，拓宽政府购买体育社会组织公共服务项目的范围，使体育社会组织更加常态化、规模化地开展体育公益活动。鼓励具有影响力且愿意为推动全民健身事业发展付出努力的社会人士和机构参与体育社会组织，从而增强体育社会组织的实际影响力和活动能力。

四、《全民健身计划纲要》解读

全民健康是国家综合实力的重要体现，是经济社会发展进步的重要标志。全民健身是实现全民健康的重要途径和手段，是全体人民增强体质、拥有幸福生活的基础保障。实施全民健身计划是国家的重要发展战略。在党中央、国务院的正确领导下，过去几年，经过各地各有关部门和社会各界的共同努力，覆盖城乡、比较健全的全民健身公共服务体系基本形成，为提供更加完善的公共体育服务、建设体育强国奠定了坚实基础。今后几年，面对人民群众日益增长的体育健身需求、全面建成小康社会的目标要求、推动健康中国建设的机遇挑战，需要更加准确把握新时期全民健身发展内涵的深刻变化，不断开拓发展新境界，使其成为健康中国建设的有力支撑和全面建成小康社会的国家名片。

(一)总体要求

1. 指导思想

全面贯彻中共十八大和十八届三中、四中、五中全会精神，紧紧围绕"四个全面"战略布局和党中央、国务院决策部署，牢固树立和贯彻落实创新、协调、绿色、开放、共享的发展理念，以增强人民体质、提高健康水平为根本目标，以满足人民群众日益增长的多元化体育健身需求为出发点和落脚点，坚持以人为本、改革创新、依法治体、确保基本、多元互促、注重实效的工作原则，通过立体构建、整合推进、动态实施，统筹建设全民健身公共服务体系和产业链、生态圈，提升全民健身现代治理能力，为全面建成小康社会贡献力量，为实现中华民族伟大复兴的"中国梦"奠定坚实基础。

2. 发展目标

到2020年，群众体育健身意识普遍增强，参加体育锻炼的人数明显增加，每周参加1次及以上体育锻炼的人数达到7亿，经常参加体育锻炼的人数达到4.35亿，群众身体素质稳步增强。全民健身的教育、经济和社会等功能充分发挥，与各项社会事业互促发展的局面基本形成，体育消费总规模达到1.5万亿元，全民健身成为促进体育产业发展、拉动内需和形成新的经济增长点的动力源。支撑国家发展目标、与全面建成小康社会相适应的全民健身公共服务体系日趋完善，政府主导、部门协同、全社会共同参与的全民健身事业发展格局更加明晰。

(二)主要任务

1. 弘扬体育文化，促进人的全面发展

普及健身知识，宣传健身效果，弘扬健康新理念，把身心健康作为个人全面发展和适应社会的重要能力，树立以参与体育健身、拥有强健体魄为荣的个人发展理念，营造良好的舆论氛围，通过体育健身提高个人的团队协作能力。引导发挥体育健身对形成健康文明生活方式的作用，树立人人爱锻炼、会锻炼、勤锻炼、重规则、讲诚信、争贡献、乐分享的良好社会风尚。

将体育文化融入体育健身的全周期和全过程，以举办体育赛事活动为抓手，大力宣传运动项目文化，弘扬奥林匹克精神和中华体育精神，挖掘传承传统体育文化，发挥区域特色文化遗产的作用。树立全民健身榜样，讲述全民健身故事，传播社会正能量，发挥体育文化在践行社会主义核心价值观、弘扬中华民族传统美德、传承人类优秀文明成果和提升国家软实力等方面的独特价值和作用。

2. 开展全民健身活动，提供丰富多彩的活动供给

因时因地因需开展群众身边的健身活动，分层分类引导运动项目发展，丰富

和完善全民健身活动体系。大力发展健身跑、健步走、骑行、登山、徒步、游泳、球类、广场舞等群众喜闻乐见的运动项目，积极培育帆船、击剑、赛车、马术、极限运动、航空等具有消费引领特征的时尚休闲运动项目，扶持推广武术、太极拳、健身气功等民族民俗民间传统和乡村农味农趣运动项目，鼓励开发适合不同人群、不同地域和不同行业特点的特色运动项目。

激发市场活力，为社会力量举办全民健身活动创造便利条件，发挥网络等新兴活动组织渠道的作用，完善业余体育竞赛体系。鼓励举办不同层次和类型的全民健身运动会，设立残疾人组别，促进健全人与残疾人体育运动融合开展。支持各地、各行业结合地域文化、农耕文化、旅游休闲等资源，打造具有区域特色、行业特点、影响力大、可持续性强的品牌赛事活动。推动各级各类体育赛事的成果惠及更多群众，促进竞技体育与群众体育全面协调发展。重视发挥健身骨干在开展全民健身活动中的作用，引导、服务、规范全民健身活动健康发展。

3. 推进体育社会组织改革，激发全民健身活力

按照社会组织改革发展的总体要求，加快推动体育社会组织成为政社分开、权责明确、依法自治的现代社会组织，引导体育社会组织向独立法人组织转变，推动其社会化、法治化、高效化发展，提高体育社会组织承接全民健身服务的能力和质量。

积极发挥全国性体育社会组织在开展全民健身活动、提供专业指导服务等方面的龙头示范作用。加强各级体育总会作为枢纽型体育社会组织的建设，带动各级各类单项、行业和人群体育组织开展全民健身活动。加强对基层文化体育组织的指导服务，重点培育、发展在基层开展体育活动的城乡社区服务类社会组织，鼓励基层文化体育组织依法依规进行登记。推进体育社会组织品牌化发展，并在社区建设中发挥作用，形成架构清晰、类型多样、服务多元、竞争有序的现代体育社会组织发展新局面。

4. 统筹建设全民健身场地设施，方便群众就近就便健身

按照配置均衡、规模适当、方便实用、安全合理的原则，科学规划和统筹建设全民健身场地设施。推动公共体育设施建设，着力构建县（市、区）、乡镇（街道）、行政村（社区）三级群众身边的全民健身设施网络和城市社区15分钟健身圈，人均体育场地面积达到1.8平方米，改善各类公共体育设施的无障碍条件。

有效扩大增量资源，重点建设一批便民利民的中小型体育场馆，建设县级体育场、全民健身中心、社区多功能运动场等场地设施，结合基层综合性文化服务

中心、农村社区综合服务设施建设及区域特点，继续实施农民体育健身工程，实现行政村健身设施全覆盖。新建居住区和社区要严格落实按"室内人均建筑面积不低于0.1平方米或室外人均用地不低于0.3平方米"标准配建全民健身设施的要求，确保与住宅区主体工程同步设计、同步施工、同步验收、同步投入使用，不得挪用或侵占。老城区与已建成居住区无全民健身场地设施或现有场地设施未达到规划建设指标要求的，要因地制宜地配建全民健身场地设施。充分利用旧厂房、仓库、老旧商业设施、农村"四荒"（荒山、荒沟、荒丘、荒滩）和空闲地等闲置资源，改造建设为全民健身场地设施，合理做好城乡空间的二次利用，推广多功能、季节性、可移动、可拆卸、绿色环保的健身设施。利用社会资金，结合国家主体功能区、风景名胜区、国家公园、旅游景区和新农村的规划与建设，合理利用景区、郊野公园、城市公园、公共绿地、广场及城市空置场所建设休闲健身场地设施。

进一步盘活存量资源，做好已建全民健身场地设施的使用、管理和提档升级，鼓励社会力量参与现有场地设施的管理运营。完善大型体育场馆免费或低收费开放政策，研究制定相关政策鼓励中小型体育场馆免费或低收费开放。确保公共体育场地设施和符合开放条件的企事业单位、学校体育场地设施向社会开放。

5. 发挥全民健身多元功能，形成服务大局、互促共进的发展格局

结合"健康中国2030"等总体发展战略，以及科技、教育、文化、卫生、养老、助残等事业发展，统筹谋划全民健身重大项目工程，发挥全民健身在促进素质教育、文化繁荣、社会包容、民生改善、民族团结、健身消费和大众创业、万众创新等方面的积极作用。

充分发挥全民健身对发展体育产业的推动作用，扩大与全民健身相关的体育健身休闲活动、体育竞赛表演活动、体育场馆服务、体育培训与教育、体育用品及相关产品制造和销售等体育产业规模，使健身服务业在体育产业中所占比重不断提高。鼓励发展健身信息聚合、智能健身硬件、健身在线培训教育等全民健身新业态。充分利用"互联网＋"等技术开拓全民健身产品制造领域和消费市场，使体育消费在居民消费支出中所占比重不断提高。

6. 拓展国际大众体育交流，引领全民健身开放发展

坚持"请进来、走出去"，拓展全民健身理论、项目、人才、设备等国际交流渠道，推动全民健身向更高层次发展。

搭建全民健身国际交流平台，加强国际互动交流。传播和推广全民健身发展过程中的中国理念、中国故事、中国人物、中国标准、中国产品，发出中国声音，提升国际影响力，有效发挥全民健身在推广中国文化、提升国家形象和增强国家软实力等方面的独特作用。

7. 强化全民健身发展重点，着力推动基本公共体育服务均等化和重点人群、项目的发展

依法保障基本公共体育服务，推动基本公共体育服务向农村延伸，以乡镇、农村社区为重点促进基本公共体育服务均等化。坚持普惠性、保基本、兜底线、可持续、因地制宜的原则，重点扶持革命老区、民族地区、边疆地区、贫困地区发展全民健身事业。

将青少年作为实施全民健身计划的重点人群，大力普及青少年体育活动，提高青少年身体素质。加强学校体育教育，将提高青少年的体育素养和养成健康行为方式作为学校教育的重要内容，保证学生在校的体育场地和锻炼时间，把学生体质健康水平纳入工作考核体系，加强学校体育工作绩效评估和行政问责。全面实施青少年体育活动促进计划，积极发挥"青少年阳光体育大会"等青少年体育品牌活动的示范引领作用，使青少年提升身体素质、掌握运动技能、培养锻炼兴趣，形成终身体育健身的良好习惯。推进老年宜居环境建设，统筹规划建设公益性老年健身体育设施，加强社区养老服务设施与社区体育设施的功能衔接，提高使用率，支持社区利用公共服务设施和社会场所组织开展适合老年人的体育健身活动，为老年人健身提供科学指导。进一步加大对国家全民健身助残工程的支持力度，采取优惠政策推动残疾人康复体育和健身体育的广泛开展。开展职工、农民、妇女、幼儿体育，推动将外来务工人员公共体育服务纳入属地供给体系。加大对社区矫正人员等特殊人群的全民健身服务供给，使其享受更多社会关爱，在融入社会方面增加获得感和满足感。

加快发展足球运动和冰雪运动。着力加大足球场地供给，把建设足球场地纳入城镇化和新农村建设总体规划，因地制宜地鼓励社会力量建设小型、多样化的足球场地。广泛开展校园足球活动，抓紧完善常态化、纵横贯通的大学、高中、初中、小学四级足球竞赛体系。积极倡导和组织行业、社区、企业、部队、残疾人、中老年、五人制等形式多样的民间足球活动，举办多层级足球赛事，不断扩大足球人口规模，促进足球运动蓬勃发展。大力推广普及冰雪运动，利用筹备和举办北京2022年冬奥会和冬残奥会的契机，实施群众冬季运动推广普及计划。支持各地建设和改建多功能冰场和雪场，引导社会力量进入冰雪运动领域，推进冰雪运动进景区、进商场、进社区、进学校，扶持花样滑冰、冰球、高山滑雪等具有一定群众基础的冰雪健身休闲项目，打造品牌冰雪运动俱乐部、冰雪运动院校和一系列观赏性强、群众参与度高的品牌赛事活动。积极培育冰雪设备和运动装备产业,推动其发展壮大。鼓励各地依托当地自然人文资源开展形式多样的冰雪运动,实现3亿人参与冰雪运动,使冰雪运动的群众基础更加坚实。

(三)保障措施

1. 完善全民健身工作机制

通过强化政府主导、部门协同、全社会共同参与的全民健身组织架构,推动各项工作顺利开展。政府要按照科学统筹、合理布局的原则,做好宏观管理、政策制定、资源整合分配、工作监督评估和协调跨部门联动;各有关部门要将全民健身工作与现有政策、目标、任务相对接,按照职责分工制定工作规划、落实工作任务;智库可为有关全民健身的重要工作、重大项目提供咨询服务,并在顶层设计和工作落实中发挥作用;社会组织可在日常体育健身活动的引导、培训、组织和体育赛事活动的承办等方面发挥作用,积极参与到全民健身公共服务体系的建设中。以健康为主题,整合基层宣传、卫生计生、文化、教育、民政、养老、残联、旅游等部门相关工作,在街道、乡镇层面探索建设健康促进服务中心。

2. 加大资金投入与保障

建立多元化资金筹集机制,优化投融资引导政策,推动落实财税等各项优惠政策。县级以上地方人民政府应当将全民健身工作相关经费纳入财政预算,并随着国民经济的发展逐步增加对全民健身的投入。安排一定比例的彩票公益金等财政资金,通过设立体育场地设施建设专项投资基金和政府购买服务等方式,鼓励社会力量投资建设体育场地设施,支持群众健身消费。依据政府购买服务总体要求和有关规定,制定政府购买全民健身公共服务的目录、办法及实施细则,加大对基层健身组织和健身赛事活动等的购买比重。完善中央转移支付方式,鼓励和引导地方政府加大对全民健身的财政投入。落实好公益性捐赠税前扣除政策,引导公众对全民健身事业进行捐赠。社会力量通过公益性社会组织或县级以上人民政府及其部门用于全民健身事业的公益性捐赠,符合税法规定的部分,可在计算企业所得税和个人所得税时依法从其应纳税所得额中扣除。

3. 建立全民健身评价体系

制定全民健身相关规范和评价标准,建立政府、社会、专家等多方力量共同组成的工作平台,采用多层级、多主体、多方位的方式对全民健身发展水平进行立体评估,注重发挥各类媒体的监督作用。把全民健身评价指标纳入精神文明建设以及全国文明城市、文明村镇、文明单位、文明家庭和文明校园创建的内容,将全民健身公共服务相关内容纳入国家基本公共服务和现代公共文化服务体系。进一步明确全民健身发展的核心指标、评价标准和测评方法，为衡量各地全民健身发展水平提供科学依据。出台全国全民健身公共服务体系建设指导标准，鼓励各地结合实际制定全民健身公共服务体系建设地方标准，推进全民健身基本公共服务均等化、标准化。鼓励各地依托特色资源，积极创建体育特色城市、体育生活化街道(乡镇)和体育生活化社区(村)。继续完善全民健身统计制度，做好体育场地普查、国民体质监测以及全民健身活动状况调查数据分析，结合卫生计生部门的营养与慢性病状况调查等，推进全民健身科学决策。

4. 创新全民健身激励机制

搭建更加适应时代发展需求的全民健身激励平台，拓展激励范围，有效调动城乡基层单位和个人的积极性，发挥典型示范带动作用。推行《国家体育锻炼标准》，颁发体育锻炼标准证书、证章，有条件的地方可通过试行向特定人群或在特定时段发放体育健身消费券等方式，建立多渠道、市场化的全民健身激励机制。鼓励对体育组织、体育场馆、全民健身品牌赛事和活动等的名称、标志等无形资产的开发和运用，引导开发科技含量高、拥有自主知识产权的全民健身产品，提高产品附加值。对支持和参与全民健身、在实施全民健身计划中做出突出贡献的组织机构和个人进行表彰。

5. 强化全民健身科技创新

制订并实施运动促进健康科技行动计划，推广"运动是良医"等理念，提高全民健身方法和手段的科技含量。开展国民体质测试，开发应用国民体质健康监测大数据，研究制订并推广普及健身指导方案、运动处方库和中国人体育健身活动指南，开展运动风险评估，大力开展科学健身指导，提高群众的科学健身意识、素养和能力水平。推动移动互联网、云计算、大数据、物联网等现代信息技术手段与全民健身相结合，建设全民健身管理资源库、服务资源库和公共服务信息平台，使全民健身服务更加便捷、高效、精准。利用大数据技术及时分析经常参加体育锻炼的人数、体育设施的利用率，进行运动健身效果综合评价，提高全民健身指导水平和全民健身设施监管效率。推进全民健身场地设施创新，促进全民健身场地设施升级换代，为群众提供更加便利、科学、安全、灵活、无障碍的健身场地设施。积极支持体育用品制造业创新发展，采用新技术、新材料、新工艺，提高产品科技含量，增加产品品种，提升体育用品的质量水平和品牌影响力。鼓励企业参与全民健身科技创新平台和科学健身指导平台建设，加强全民健身科学研究和科学健身指导。

6. 加强全民健身人才队伍建设

树立新型全民健身人才观，发挥人才在推动全民健身中的基础性、先导性作用，努力培养适应全民健身发展需要的组织、管理、研究、健康指导、志愿服务、宣传推广等方面的人才队伍。创新全民健身人才培养模式，加大对民间健身领军示范人物的发掘和扶持力度，重视对基层管理人员和工作人员中榜样人物的培育。将全民健身人才培养与综治、教育、人力资源社会保障、农业、文化、卫生计生、工会、残联等部门和单位的人才教育培训相衔接，畅通各类人才培养渠道。加强竞技体育与全民健身人才队伍的互联互通，形成全民健身与学校体育、竞技体育后备人才培养工作的良性互动局面，为各类体育人才培养和发挥作用创造条件。发挥互联网等科技手段在人才培训中的作用，加大对社会化体育健身培训机构的扶持力度。

7. 完善法律政策保障

在《体育法》修订过程中进一步完善全民健身的相关内容，依法保障公民的体育健身权利。加快地方全民健身立法，加强全民健身与精神文明、社区服务、公共文化、健康、卫生、旅游、科技、养老、助残等相关制度建设的统筹协调，完善健身消费政策，将加快全民健身相关产业与消费发展纳入体育产业和其他相关产业政策体系。建立健全全民健身执法机制和执法体系，做好全民健身中的纠纷预防与化解工作，利用社会资源提供多样化的全民健身法律服务。完善规划与土地政策，将体育场地设施用地纳入城乡规划、土地利用总体规划和年度用地计划，合理安排体育用地。鼓励保险机构创新开发与全民健身相关的保险产品，为举办和参与全民健身活动提供全面风险保障。

(四) 组织实施

1. 加强组织领导与协调

各地要加强对全民健身事业的组织领导，建立并完善实施全民健身计划的组织领导协调机制，确保全民健身国家战略深入推进。要把全民健身公共服务体系建设摆在重要位置，纳入当地国民经济和社会发展规划及基本公共服务发展规划，把相关重点工作纳入政府年度民生实事加以推进和考核，构建功能完善的综合性基层公共服务载体。

2. 严格过程监管与绩效评估

县级以上地方人民政府要制订本地《全民健身实施计划（2016—2020年）》，做好任务分工和监督检查，并在2020年对《全民健身实施计划（2016—2020年）》实施情况进行全面评估。建立全民健身公共服务绩效评估指标体系，定期开展第三方评估和社会满意度调查，对重点目标、重大项目的实施进度和全民健身实施计划的推进情况进行专项评估，形成包括媒体在内的多方监督机制。

第三节 我国全民健身的现状及发展解析

一、我国全民健身的发展现状分析

(一)经常参加体育的人数状况

随着《全民健身计划纲要》的颁布，我国在全民健身运动的开展方面取得了显著的成就。据《中国群众体育现状调查与研究》报告结果中的数据显示：1996年我国城市居民中16岁以上的有34.34％的人参加了一次体育活动，达到体育人口的15.50％，2000年调查报告显示，无论是参与体育运动的总体人数还是体育人口的比例，都比1996年有明显提升，尤其是体育人口，其比例提高的幅度极为明显，可见《全民健身计划纲要》第一期工程取得了标志性的成就。

(二)体育锻炼的场地和设施状况

众所周知，每一项体育运动的开展，都需要一定的场馆和设施，场馆和设施是体育运动顺利开展的有力保证，也是全民健身运动顺利开展的重要条件之一。综观我国的历史，虽然历经多年的努力，政府在体育场馆和设施建设上都有很大的投入，但距离满足人民大众的需要还存在很大的差距。体育场馆建设速度极为缓慢，数量严重不足，人均占有场地量仍然很少。即便是北京、上海这样的国际大都市也是如此。

(三)大众体育的消费状况

近年来，人民的生活水平有了大幅提高，在物质生活达到一定水平之后，人们把目标放到了生活质量上。"健康第一"的指导思想不断涌入人们的脑海，体育锻炼越来越受到重视。体育消费已成为大众消费领域的新话题。"花钱买健康"的理念越来越被人们接受。这时体育已从福利向消费过渡，从而走向市场化。文献资料表明，即便体育走向市场化，"健康第一"的指导思想慢慢被人们接受，但东部沿海地区的消费明显高于西部地区，城市的消费明显高于农村，这与经济发展不平衡基本相符。迫于生活的压力，大部分人还是把精力投入了工作方面，为生活而奔波,没有过多的精力去关心自己的身心健康,也就更谈不上体育结构的消费水平了。

二、全民健身计划实施中亟待解决的问题

(一)建立积极健康的全民健身意识

世界卫生组织(WTO)界定:健康不但包括没有身体缺陷和疾患,还应包括有完整的心理、生理和社会适应能力;健康不但包括不生病,还应包括正常的心理、生理、精神状态和对社会的适应性。健康是人人追求的崇高目标,是一个国家实现现代化的基本保证,也是社会进步的重要标志和潜在动力,达到尽可能高的健康水平是世界范围内的一项重要的社会目标。促进健康是社会共同的责任,公民参与体育锻炼是显示综合国力的重要方面,尤其是青壮年,他们更应该参与其中,因为其是社会推进全民健身的主力军。因此,要增强青壮年的全民健身意识,加大宣传教育力度,使其建立积极健康的全民健身意识。

(二)加大投资力度,推进全民健身的持续发展

《全民健身计划》颁布以来,群众体育的开展取得了一定的成就,但各区域在经济发展上有较大的差距,于是不同地区的人们在消费观念上也就持不同的态度,这导致部分地区的群众体育开展得并不理想,需要政府给予一定的扶持,只有这样,才能把《全民健身计划》这项活动落到实处。

(三)高度重视和保障体育指导员的培养

想要发展大众体育事业,真正提高全民体育锻炼的水平,就必须重视体育指导员培养的目的性,如果这一最根本的保障都不能实现,那么即便其他方面的条件十分完善,其他各项事业取得了十分出色的成绩,也还是会陷入本末倒置的错误之中。有关部门首先应出台明确翔实的体育指导员认定制度,地方政府、公共社会团体、体育协会应为体育机构、场所、社区配备体育大学毕业或参加过体育指导员培训、具有资格证书的社会体育指导员。

(四)选择适宜的体育锻炼的负荷强度

增进健康的主要途径是参与体育锻炼,体育锻炼的效果是一个人获得健康的主要影响因素。据芬兰科学家报道:经常参与体育锻炼的人比不锻炼的人早死率低56%,偶尔锻炼的人比久坐不锻炼的人死亡率低23%,可见锻炼对人体寿命的影响是很大的。参与体育锻炼必须以身体练习为基本手段,并承担一定的锻炼负荷,可是,过高的锻炼负荷则损害健康,过低的锻炼负荷则达不到健身的目的,

那么选择适宜的负荷强度也就成为进行身体练习获得健康的有力保证。

(五)体育锻炼场馆和设施不足且相对落后

近年来,我国体育锻炼场馆数量增多,绝对数量似乎可以满足大众需求,但是,其在分布结构、分布地点、利用率等方面存在很多问题,主要表现为:第一,居民参与体育锻炼活动的场所主要是自家庭院、居民小区、公路街旁,这些场所缺乏专业的体育设施和体育指导,很不正规。第二,由于区域差异和城乡差距,导致我国体育场所东部地区多,中西部地区少,城市地区多,农村地区少,且主要分布在学校和企事业单位周围,可以供普通民众利用的场馆和设施十分有限,利用率低。第三,与国外发达国家相比,我国体育锻炼场馆和设施设置相对落后,缺乏国际先进体育设施。

(六)体育市场发育不良,大众体育消费水平低

一方面,受经济收入和时间限制,我国体育消费主体需求量少,买方市场难以成型,大众体育消费水平偏低;另一方面,由于体育市场主体市场敏感度低、对于产品质量问题不够重视、中介组织不健全等,所以体育产品品质差、市场主体缺乏自主性,难以形成健全的体育市场运行机制。

三、我国全民健身运动发展对策研究

(一)更新体育场所建设理念,合理布局体育场所

一方面,应及时更新体育场所的建设理念,根据民众的健康需求塑造最新理念,向"场园一体化"和"多功能"格局方向发展;另一方面,体育场所的分布结构应根据体育人口的年龄结构、分布特点、社会阶层等合理布局,以满足不同体育人口的健身需求。

(二)大力培育体育市场,提高大众体育消费水平

培育体育市场,提高大众体育消费水平,最根本的是要提高国家经济发展水平,增加居民收入。经济是基础,经济收入在很大程度上影响消费水平,促进国家经济发展,提高居民收入水平,是实现这一目标的根本举措。此外,根据体育人口喜好增加健身运动项目,建立不同类型的健身俱乐部、体育协会等,提高居民参与体育锻炼的热情,完善体育市场运营体制,建立全国统一的、开放的体育市场体系。

(三)大力培养体育专业人才

随着经济的发展和人们生活水平的提高,人们对健身、体育锻炼的需求逐渐

增加，体育市场的拓展是大势所趋，一旦体育市场拓展了，各层对体育专业人才的需求将迅速增加。因此，各大体育院校增强了体育专业人才的培养力度，以便满足社会对各类体育专业人才的需求。同时，高等院校应积极承担社会体育指导员的培训工作，提高体育指导员的综合素质，壮大社会体育指导队伍。

(四)加强宣传力度，提高全民健身意识

政府相关部门应加强宣传力度，在全社会范围内普及健身知识，弘扬体育精神，以提高民众对"全民健身计划"的认知，理解全民健身运动的价值。政府相关部门要利用报刊、广播、电视、网络等媒体形式，积极宣传全民健身运动的重要意义，提高全民健身意识，弘扬体育精神。

第二章 全民健身运动理论研究

第一节 全民健身运动的科学理论基础

一、全民健身运动的生理学基础

身体是生命的载体，是精神活动的物质基础。经常进行体育锻炼可以提高生命的质量，运动除了具有健身功能外，还具有健心功能和社会功能，系统地参加体育锻炼，通过对人体施加适宜的运动负荷，人为打破原有的相对平衡，可以使人体产生一系列良性的适应性变化，从而在一个更高的水平上建立新的相对平衡，使身体素质得以提高。如果体育锻炼不科学，不仅不能强身健体，反而会损伤身心健康。健身活动必须遵循科学的方法和原则。在体育锻炼过程中使用运动机能的生理学评定，可以观察人体对运动的反应及适应情况，也可以观察体育锻炼的恢复程度。

(一)心率

心率是指每分钟心脏搏动的次数，正常人在安静时，心率在60~100次/分钟。心率是了解循环系统机能的简易指标。在进行心肺耐力锻炼时，最关键的问题是要掌握好运动的强度。评定运动强度的客观指标主要有心率、摄氧量和"梅脱"。在全民健身中，需要选用可操作性比较强的指标。心率也是衡量人体是否疲劳或者疲劳消除情况的常用指标。一般情况下，脉搏和心率是一致的，可以通过测定桡动脉、颈总动脉的脉搏来间接测定心率。

(1)晨起基础心率监测。清晨起床前静卧时的心率为基础心率。身体健康、机能状况良好时，基础心率稳定并随运动水平及健康状况的提高而趋平稳下降。如身体状况不良或感染疾病等，基础脉搏会有一定程度的波动。基础心率随着运动水平的提高而减慢。在体育锻炼期间，运动量适宜时，基础心率平稳，如果在没有其他影响因素(如疾病、强烈的精神刺激、失眠等)存在的情况下，在一段时间内基础心率波动幅度增大，超过5～10次/分钟，表明可能体育锻炼的运动量过大，身体疲劳累积，要及时调整运动量，确保健康。

(2)运动中心率监测。运动过程中人体各器官、组织的新陈代谢加强，对血流量的需要也相应地增加，机体在神经调节和体液调节的共同作用下满足人体的需要。交感神经兴奋后，协同体液调节对心脏的兴奋作用，使心率加快，心肌收缩力量加强。通过定量负荷测试，可以比较负荷前后心率的变化。一般情况下，随着体育锻炼水平的提高，完成同样的运动负荷后，心率降低表明心肌力量增强，是对体育锻炼效果的肯定。

另外，在进行心肺耐力锻炼时，使用心率控制运动强度最为普遍，有人提出耐力锻炼心率＝(最大负荷后心率－运动前心率)÷2＋运动前心率。在耐力锻炼中保持这样的心率，才能收到效果。在涉及游泳等运动的间歇训练中，一般多将心率控制在120～150次/分钟的最佳范围内，一般学生在早操跑步中的强度，可控制在130～150次/分钟。成年人健身跑如果没有运动习惯者可用170减去年龄所得的心率数值来控制运动强度。有运动习惯者可用180减去年龄所得的心率数值来控制运动强度。

(3)运动后心率监测。对运动后心率的监测，主要是看健身者的恢复情况。在完成同样的运动负荷时，健身者心率恢复加快，提示健身者身体机能状态良好，对运动负荷适应。在体育锻炼中运用心率监测能比较方便地掌握健身者的状态，调整运动量和运动项目。

(二)血压

血压是指血管内的血液对单位面积血管壁的侧压力(压强)，正常成年人安静时的动脉血压收缩压为90～140 mmHg，舒张压为60～90 mmHg，脉压为30～40 mmHg。血压是反映心血管机能状态的重要生理指标，在体育实践中有广泛的应用。

(1)晨起卧床血压监测。清晨卧床时的血压和一般安静时的血压较为稳定，测定清晨卧床时的血压和一般安静时的血压对判定全民健身人群运动性疲劳有重要参考价值。如果在健身期间，排除其他因素的影响，血压比平时上升20％左右且持续两天，可视为机能下降或过度疲劳的表现。

(2)定量负荷前后血压监测。测定定量负荷前后血压的变化及恢复情况，可检查心血管系统机能，并对心血管机能对运动的反应做出恰当的判断。进行体育锻炼时，可根据血压变化了解心血管机能对运动负荷的适应情况，由于收缩压主要反映心肌收缩力量和每搏输出量，舒张压主要反映动脉血管的弹性及外周小血管的阻力,因此运动后理想的反应应当是收缩压升高而舒张压适当下降或保持不变。如大运动量锻炼后出现以下情况时健身者需注意休息:无器质性疾病清晨卧床血压比同年龄组血压高15%~20%,持续一段时间不复原,又无引起血压升高的其他诱因,就有可能是运动负荷过大所致。如果清晨卧床血压比平时高20%左右且持续两天,往往是机能下降或过度疲劳的表现。

(3)血压体位反射。血压体位反射主要测定心血管系统的调节能力,大运动负荷体育锻炼后,自主神经系统调节机能下降,血管运动的调节出现障碍。具体做法是受试者坐位,静息5分钟,测安静时血压,受试者仰卧位保持卧姿3分钟,由其他人推受试者背部使其恢复坐姿,立即测血压,每隔30秒测一次血压,共测2分钟。如果在2分钟内血压完全恢复为正常,2分钟内恢复一半以上为调节机能欠佳,完全不能恢复为调节机能不良,要考虑调整运动负荷,多注意休息。

(三)主观感觉判定

人体体育锻炼时的主观体力感觉与工作负荷、心功能、耗氧量、代谢产物堆积等多种因素密切相关,因此,运动时的自我体力感觉是判断运动量是否合理及判断运动性疲劳的重要标志。瑞典生理学家鲍格(Borg,1973)研制了主观体力感觉等级表(RPE),从6级到20级共15个等级,主观运动感觉分为安静轻松到非常费力等8个不同的等级,具体测试方法是锻炼者在运动过程中根据自我感觉的等级,来判断疲劳程度。全民健身中,普通健身者达到稍微费力和费力的程度就可以达到提高心肺功能的效果,对自身有更高要求且有多年健身习惯的健身者在运动中可以达到很费力的程度。

体育运动锻炼能引起人体机能的深刻变化,运动效果的生理学评定着眼于远期效果,但远期效果是日常体育运动锻炼效应的积累所产生的质的飞跃,运动量的安排是否得当,是能否取得运动效果的前提,关于运动量怎样才算适宜,目前尚无衡量的标准模式。锻炼者的身体状况千差万别,个体间或个体在不同机能状态下对体育锻炼运动量的负担能力不尽相同。从全民健身角度考虑,可以采用简单易行的指标,不需要太多仪器和复杂的过程就可以起到一定的作用,既可以简单判断运动效果,又可以防止人体出现过度疲劳。但对于评定运动量是否适宜、运动性疲劳是否出现最好通过多途径、多指标和多学科同步测试,再做综合分析。

二、全民健身运动的心理学基础

(一)运动心理学

运动心理学是研究人在从事体育运动时的心理特点及其规律的心理学分支。

它也是体育科学中的一门新兴学科,与体育学、体育社会学、运动生理学、运动训练理论和方法,以及其他各项运动的理论和方法有着密切的联系。

运动心理学的主要任务是研究人们在参加体育运动时的心理过程,如感觉、知觉、表象、思维、记忆、情感、意志的特点及其在体育运动中的作用和意义;研究人们在参加各种运动项目时,在性格、能力和气质方面的特点及体育运动对个性特征的影响;研究体育运动教学训练过程和运动竞赛中有关人员的心理特点,如运动技能形成的心理特点、赛前心理状态、运动员的心理训练等。

(二)运动心理学的发展与研究

运动心理学这个术语首先出现于现代奥林匹克运动会创始人顾拜旦的文章中。在他的倡议下,国际奥委会于1913年在洛桑召开运动心理学专门会议,它标志着该学科进入科学的行列。1920—1940年,苏联、德国、美国等国都对运动心理学方面的问题展开了一系列研究。20世纪60年代以来,运动心理学受到广泛重视,大多数国家都开展了这方面的研究工作,成立运动心理学会并召开专门会议,有关的文章和书籍也大量问世,这使这门学科得到迅速发展。

运动心理学研究的内容十分广泛,包括技能学习、竞赛心理、运动对人的意义、从事运动的动机,以及运动员之间、教练员和运动员之间、运动员和观众之间的相互关系,心理训练和运动心理治疗方法等。20世纪初期,研究的问题多集中在技能学习上,包括学习的分配、保持和迁移等,而后深入运动行为的理论方面。

自20世纪40年代以来,通过研究逐渐形成运动行为的信息程序论、层次控制论、行为系统模式论等理论学说。随着认知心理学、人格心理学、社会心理学、发展心理学以及健康心理学的发展,运动行为的研究更深入与运动心理学有联系的技能学习与控制和技能发展方面。在研究方法上也从对单个动作的研究,发展到联系运动实践、提高运动效能的研究。随着运动实践的发展更进一步扩大了运动心理学的研究范围。

运动心理学的研究对象多是优秀运动员,也有青少年运动员。各国体育界近年来对运动员心理训练和运动员的心理选拔越来越重视。因为在运动水平越来越接近的竞赛中,心理因素对竞赛的胜败往往起着决定性的作用,这致使心理测量和心理诊断学被广泛运用,各种心理训练方法不断出现。

由于运动心理学是一门新兴学科,所以理论体系还不完善,例如是否应将体育心理学和运动心理学分开还存在不同看法。

20世纪80年代以来,中国结合运动实践的需要,在各体育院校、系科开设了运动心理学课程,开展了一些运动心理训练及有关心理选拔的研究,但对运动心理学的基本理论问题研究得不多。

(三)健身运动增进心理健康的原理

运动对心理健康的影响主要源自以下三种假设。

(1)认知行为假设。参加健身运动能够促进人们积极思考,以此来削弱那些消极想法,改变沮丧和焦虑的状态。尽管不经常参加运动的人把开始运动和坚持运动视为一项艰巨的任务,可一旦他们实现了目标就会加强竞争意识,提高对自我能力的认可。对自我能力的认可与努力和坚持密不可分,这两种因素帮助参加者继续健身锻炼,并取得收获。

(2)注意力分散假设。参加健身运动可以分散人们对自己焦虑和沮丧的事情的注意力,从而使其身心大大受益。因此健身运动把人们从焦虑和抑郁的琐事中解放出来。

(3)荷尔蒙假设。健身运动之所以使人心理受益,原因是人体内的荷尔蒙分泌量增加了。荷尔蒙是大脑在刺激作用下产生的化学物质。大量的荷尔蒙可以改变人的情绪状态,加强健康感。这种健康感可以降低沮丧、焦虑和其他消极状态的程度。

一些研究认为,任何健身运动均具有以上三个方面对心理健康的积极影响,具体可以表现在以下六个方面。

1. 健身运动有助于发展智力

智力是个体圆满完成工作、学习任务的基础条件。经常参加健身运动可以使个体的注意力、记忆、观察、思维和想象等能力得到充分发展,提高活动效率,还可以使其获得良好的情绪体验,变得乐观自信、精神振奋,精力更加充沛,从而对人的智力功能具有促进作用。研究表明,一方面,健身运动能有效地促进血液循环,增强心肺功能,使大脑获取更多的氧气,给大脑的记忆和思维能力提供必要的物质保障,进而提高脑力劳动的效率。另一方面,健身运动不仅能使神经系统的兴奋和抑制过程更加有效,使其对各种刺激的反应更加迅速、准确,为智力的发展奠定物质基础,而且可以提高人的视觉、听觉、本体感觉、神经传导速度、神经过程的均衡性和灵活性,促进神经系统功能的增强。人们在学习的过程中,大脑皮层的相关区域处于高度兴奋状态,并随着学习时间的延长而产生疲劳感,导致学习效率下降。而健身运动的参与,有助于大脑皮层的相关区域形成兴奋与抑制合理交替的机制,减轻疲劳感,提高文化学习的效率,此外个体的体质增强、身体机能水平的提高也有助于充分地挖掘与开发学习的潜力。

2. 健身运动有助于获得良好的情绪体验

情绪状态的调控能力是衡量体育锻炼对心理健康影响的最主要的指标。个体在复杂多变的社会环境中，常常会产生紧张、压抑、忧虑等不良情绪反应，健身运动可以使个体从烦恼和痛苦中摆脱出来，降低应激水平，使处理应激情境的能力增强。麦克曼等人的研究表明，经常参加健身运动的人在焦虑、抑郁、紧张和心理紊乱等方面的心理变量水平明显低于不参加运动的人，而愉快等积极的心理变量水平则明显要高一些。健身运动之所以能够调节情绪，是因为其参与者能体验到运动带来的愉快感觉。心理学家认为，适度负荷的健身运动能够促进人体释放一种多肽物质——内啡肽，它能使人们获得愉快、兴奋的情绪体验。因此参加健身运动，尤其是参加那些自己喜爱和擅长的健身运动，可以使人从中得到乐趣，振奋精神，从而产生良好的情绪体验。

3. 健身运动有助于良好的意志品质的形成

意志品质是指一个人的自觉性、果断性、坚韧性和自制力，以及勇敢顽强和独立主动的精神，是一个人行为特点的稳定因素的总和。意志品质需要在克服困难的实践过程中培养。体育锻炼者只有不断克服客观困难（气候条件的变化、动作的难度或外部障碍等）和主观困难（如胆怯和畏惧心理、疲劳和运动损伤等），才能取得成功。健身运动的参与者要努力克服主客观方面的困难，培养自身良好的意志品质。任务越困难，对个体的意志锻炼的作用越大，而良好的意志品质对于人的活动效果具有重要的意义。

4. 健身运动使自我概念更为清晰

自我概念是个体主观上对自己的身体、思想和情感等的整体评价，它是由许许多多的自我认识所组成的，例如，我是什么人、我主张什么、我喜欢什么、我不喜欢什么等，包括社会方面的自我概念和身体方面的自我概念等。其中，身体方面的自我概念包括身体表象和身体自尊。身体表象是指头脑中形成的身体图像。身体自尊主要包括一个人对自己运动能力的评价、对自己身体外貌（吸引力）的评价以及对自己抵抗能力和健康状况的评价。

自我概念、身体表象和身体自尊障碍在正常人群中是普遍存在的，报告显示，54%的大学生对他们的体重不满意。与男性相比，女性倾向于高估身高和低估体重，而且，身体肥胖的个体更可能有身体表象和身体自尊方面的障碍。身体表象和身体自尊与整体自我概念有关，无论是男性还是女性，对身体表象的不满意都会使其身体自尊降低，并产生不安全感和抑郁症状。

坚持健身运动可使体格强壮、精力充沛，因而健身运动对于改善人的身体表象和身体自尊至关重要。研究表明：运动者比非运动者具有更积极的总体自我概念；体能强的人比体能弱的人倾向于具有更高水平的自我概念和更高水平的身体概念；肌肉力量与身体自尊、情绪稳定性、外向性格和自信心呈正相关，并且加强力量训练会使个体的自我概念显著增强。因此，更强的自尊心、更高水平的身体概念和自我概念与高水平的体能状况相关。

5. 健身运动有助于形成和谐的人际关系

现代社会生活节奏的加快使人们越来越趋向封闭的状态，从而造成人与人之间感情交流缺乏，人际关系疏远。健身运动则打破了这种封闭状态，让不同职业、年龄、性别、文化素质的人相聚在运动场上，进行平等、友好、和谐的交往，使人们互相之间产生信任感，有效进行情感和信息的交流，互相之间产生一种默契和交融。研究表明，增加与社会的联系会给个体带来心理上的益处。马塞等人在1971年的调查发现，外向性格者比内向性格者的社会需要更强烈，这种社会需要可以通过跳舞、球类、做操等集体性活动来得到满足。由此可见，人们可以通过健身运动来认识更多的朋友，大家和睦相处、友爱互助，这种良好的人际关系将令人心情舒畅、精神振奋。

6. 健身运动有助于消除心理疾患

社会竞争的日益加剧和生活压力的加大可能会使许多人产生悲观、失望的情绪，进而导致忧郁、孤独、焦虑等各种心理障碍的产生。如果人们参加某个运动项目并坚持锻炼，那么他的生理技能、身体素质将会得到改善，也会掌握并发展一些运动的技能和技巧。由此，个体会以自我反馈的方式传递其成就信息至大脑，从而获得自我成就的认知和情感体验，进而产生愉快、振奋和幸福感。因此，健身运动能使有心理障碍的个体获得心理满足，产生积极的成就感，从而增强其自信心，摆脱压抑、悲观等消极情绪，并消除心理障碍。许多国家已将健身运动作为心理治疗的手段之一。美国的一项调查显示，1 750名心理医生中，80%的人认为健身运动是治疗抑郁症的有效手段之一，60%的人认为应将健身运动作为一个治疗手段来消除焦虑症。临床研究表明，通过参加一些如慢跑、散步、徒手操等身体练习能有效地减轻焦虑和抑郁症状，增强自信。除此之外，有关健身运动的心理治疗效应还反映在对精神分裂症、酒精和滥用药物的研究等方面。就目前而言，这些心理疾病的病因和健身运动有助于治疗心理疾病的基本机制都未完全知晓，但健身运动作为一种心理治疗手段在国外已经开始流行起来。在学生群体中，他们通过健身运动可以减轻或消除由于学习和其他方面的挫折而引起的焦虑和抑郁等症状，为不良情绪的宣泄提供了一种合理有效的手段，进而防止心理障碍或疾病的发生。

总之，进行健身运动不仅能有效地促进智力的发展、调节情绪、培养良好的意志品质、增强自我概念、改善人际关系，还能增进心理健康，使个体发挥最优的心理效能。

第二节　全民健身运动的原则

众所周知，生命在于运动，运动有益于健康，但运动也要遵循一定规律，才能更有效地达到健身要求，而遵循的这个规律就是运动健身的基本原则。

自我终身体育锻炼的原则是：明确目的自觉锻炼，持之以恒，循序渐进，适量运动，全面发展，从实际出发，并且巩固提高。这些原则是人类在自身建设、完善和优化自我生命系统整体功能过程中客观规律的反映；是人类在长期从事强身健体、提高活力和延年益寿的实践中成功经验的总结和概括，是现代人坚持自我终身体育锻炼必须遵守的原则。

1. 明确目的自觉锻炼

自我终身体育锻炼的目的，在于增进自身健康、提高自我活力；从遗传与变异观点看，对改善与提高下一代乃至整个民族的身体素质也有重要意义。所以，坚持自我终身体育锻炼的人，要首先明确上述目的，变锻炼为出自内心的需要和自觉行动。正如毛泽东在《体育研究》中提出的"欲图体育之有效，非动其主观，促其对于体育之自觉不可"，只有解决好"动机与效果"的统一问题，才能自由、自发地去学习和掌握自我终身体育锻炼的知识、技能和技术；才能真正达到增进健康、提高活力、优化自身生命系统整体功能和自娱自乐的目的；才能正确确定锻炼的内容和要达到的标准要求；才能灵活地运用各种锻炼手段和方法。

2. 持之以恒

持久性。任何锻炼项目都要持之以恒地进行，才会达到有益健康的目的。故运动贵在坚持，贵在终身。

3. 循序渐进

渐进性。即任何人的运动都必须量力而行、循序渐进。先进行简单的小量运动，待适应一段时间后，再进行运动量大、动作复杂的锻炼。

4. 适量运动

在坚持自我终身体育锻炼中，合理（适量）安排参加者身体所能承受的生理负荷，使参加者的身体既有一定程度的疲劳，又能承受得住，并与休息合理交替，以便更好地掌握自我终身体育锻炼的技能和技术，有效地增强体质。

$$运动负荷＝运动量×运动强度$$

运动量包括练习次数、时间、距离和负重总量；运动强度包括练习密度、速度和负重量。心率不超过 120～130 次/分为小强度；心率达 155 次/分为中等强度，心率在 180 次/分以上属大强度。在坚持自我终身体育锻炼中，要合理安排运动负荷。若强度加大，则量要相应减少；若强度减小，则量可以相应增加。作为以增进健康、提高身体素质为目的而从事的体育运动锻炼，应采用最佳运动负荷，即每分钟心率次数＝170(次)－年龄。

5. 全面发展

全面发展是指坚持自我终身体育锻炼的人，通过体育锻炼，达到身体的各个部位、各器官系统的机能，以及各种身体素质和基本活动能力都获得全面而协调的发展。人体是在大脑皮层统一调节下的有机整体，人体的各种部位、各器官系统的机能，各种身体素质和基本活动能力之间，既相互联系又相互制约，某一方面的发展都会影响其他方面的发展。这种协同关系，如果处理得当就能相互促进、共同提高。反之，将会导致身体畸形发展，甚至有损健康。在坚持自我终身体育锻炼中，从事任何一项健身运动项目，对人体的发展都有一定作用。但由于体育运动项目繁多，而又具有不同的特点，其作用于身体不同部位、器官系统的效果都不尽相同，因此，坚持自我终身体育锻炼时，就应该利用多种形式、手段、内容和方法进行全面锻炼，只有这样才能全面优化人体自身生命系统的整体功能。具体地讲，在体育锻炼时，应注意均衡性。

6. 从实际出发

自我终身体育锻炼要求从自身实际需要出发，按照自身的意愿，自由、自主、自控、自娱和自乐。人的身体状况千差万别，不同的人或同一个人在不同的机能状况下对运动的爱好、对运动量的负荷能力也不尽相同。因此，在坚持自我终身体育锻炼时，锻炼的任务、内容、手段、方法和运动负荷等都应该符合自身特点和具体情况。具体地说，要根据自身的年龄、性别、健康状况、生理机能、接受能力、心理因素、疾病状况和掌握运动知识及技术水平的差异量力而行。经过一定努力以后，让身体生命系统的整体功能得到强化。

在进行体育运动锻炼时最好结合着自己的爱好和特点。这样可使运动锻炼变被动为主动，提高健身效果。另外，可以根据气候变化进行相应的体育运动，如夏天游泳、冬天滑冰等。

总之，运动量的大小、时间长短，都要因人的体质、爱好、年龄、环境等因素而定。

7. 巩固提高

坚持自我终身体育锻炼，不仅要求现在掌握强身健体的知识、技能和技术，而且要求终身掌握，并在实践中不断巩固提高，这是大脑皮层建立动作定型的结果。

第三节　全民健身运动的科学保障理念与方法

一、全民健身运动的营养消耗与补充

(一)运动健身中的疲劳及营养补充概念

1. 运动健身中的疲劳

运动健身中的疲劳主要是指人们在运动过后自己的身体机能和工作能力都出现了短暂的下降情况。运动性疲劳会造成身体的代谢失衡，伴随而来的是出现一系列的医学问题，主要分为以下几个方面：第一，免疫力下降而导致的疲劳；第二，神经内分泌系统出现异常而导致的疲劳；第三，造血系统功能出现异常而导致的疲劳；第四，中枢神经系统异常而导致的疲劳等。运动健身中的疲劳就是指机体生理不能在短时间内维持或是持续身体原本的状态而出现的身体机能下降的情况，分为以下两种情况，一种是中枢疲劳也就是所谓的运动神经中枢紊乱；另一种就是外周疲劳，它的最为主要的表现是，肌肉出现疲劳，运动机能下降。

2. 运动健身的营养补充

运动健身的营养补充主要由有机营养和无机矿物质营养两部分组成。所谓的有机营养就是指能够为人体正常生理提供能量的营养，例如，人们所食用的物质大部分都是有机营养。而钙、铁、锌、锡等微量矿物质元素大多都是无机矿物质营养，它能够促进人体的生化反应，调节各个器官细胞的工作，使它们保持正常的运转。

(二)运动健身中的疲劳表现

在运动健身过后产生的疲劳会让人们身体出现短暂的不适，主要表现为身体疲劳，疲劳主要有主观感受和客观检查两种，以下分别进行具体的介绍。

1. 主观感受

运动健身中产生的疲劳主观感受为运动者出现了肌肉酸痛，四肢无力，很想停止运动，不想做其他任何事情。还有一部分人可能会出现短暂的心慌、气短以及口渴、虚脱等情况。这时候就需要采取必要的措施以防止情况恶化，如果在运动健身之前就做好了充足的准备，那么就不会出现不知所措的情况。

2. 客观检查

所谓的客观检查，简单的只需要进行表面查看，肌肤是否有擦伤或出现淤青；复杂的就需要借助一定的技术或相关方法，对运动者出现的疲劳情况进行分类，进而通过医务手段进行治疗。客观检查可以从身体器官、组织细胞等不同的部位进行，尤其是最近几年我国的科研水平有了很大的提升，可以对疲劳时的机体细胞进行研究，而且越来越深入，这是热爱运动的人们的福音。

(三) 运动健身中的营养补充策略

1. 蛋白质的补充

一些健身者尤其是男性健身者，在运动健身后更愿意通过补充大量的蛋白质来维持身体的能量，使其迅速恢复到自然的状态之中。但是就目前我国的城镇生活水平而言，居民摄入的蛋白质量已经足够，不需要额外摄入，但是吃素的人们和需要减轻体重的人们除外，他们需要摄入额外的蛋白质来补充身体所需要的营养物质。男性健身者在过量的运动之后，会出很多汗，这时需要补充一定的蛋白质以使身体营养达到均衡。

2. 补水

运动健身会产生疲劳，在运动的过程中会丢失一部分水盐和能量物质，但这也是运动能够起到健身效果的主要原因。如果运动健身时体液丢失达到体重的 $2\% \sim 3\%$，那么运动能力就会受到限制。因此必须防止脱水，保持身体机能的水盐平衡，补水是一个不能够忽视的问题。此外，补糖也需要和补水同时进行，糖是身体运动最为直接的能源来源，因为血糖、肌糖原是糖在机体内存在的形态，它们的贮存量都是有限的，如果糖的含量低于身体所需要的临界值，那么就会比较容易出现疲劳甚至脱水的情况。

3. 补糖

在运动健身中合理补糖能够让肌肉对糖加以摄取和利用，减少对糖原等物质的分解，加大对肌糖原和引糖原的利用，不容易出现疲劳的情况。很多研究表明，糖是长时间运动和需要耐力的运动等相关项目所必需的物质，此外，短时间锻炼强度大的运动也需要额外糖分的补充。在运动中补充水分、盐、糖需要同时进行，这样才能补充身体由于运动出汗而损失的水盐，让水盐保持平衡，让身体的心血管功能保持在正常的水平范围内。运动健身者在运动过后需要补充足量的糖，这样能够维持血糖平衡，让糖氧化功能保持在充足的范围内。而且在健身过后进行糖分的补充能够迅速恢复身体的各项机能，起到良好的作用。

4. 矿物质、维生素的补充

矿物质也被称为无机盐，占体重的4%～5%，其中摄入比较多的有钙、磷、钾等七种，每日摄入量需要达到100 mg以上，此外还有一些微量元素，例如碘、锌、铜等。通过补水以及补糖能够让运动健身者提高自身的运动能力，达到预期的良好效果；通过补充矿物质以及维生素等物质能够让身体的新陈代谢发挥调节作用，使身体处于良好的状态之中；通过补充水盐，能够让身体的抗疲劳能力以及运动能力在一定的水平内有所提升。

二、全民健身运动的伤病与恢复

(一)造成运动损伤的常见因素

造成运动损伤的原因是多方面的，它与运动者的年龄、性别、体重、生理心理状态、训练、运动技术和人体解剖生理学特点以及外界环境都有着密不可分的关系。青少年的骨骼与骨周围肌腱发育相比相对较慢，所以骨的肌肉肌腱附着部容易发生损伤。老年人骨中有机质含量降低、骨质脆，以骨折较为多见。女性如有月经紊乱，就可能造成雌激素分泌低下，易发疲劳骨折。体重超标的人，身体的灵活性、耐力相应较差，关节磨损也较常人更快。在过度疲劳的状态进行运动，人体的力量、精准度、共济功能、警觉性、注意力均显著下降，运动损伤的风险会显著增大。每种运动项目都有自己的易伤部位，如网球运动易造成锻炼者"网球肘"，长跑运动会导致锻炼者膝外侧疼痛等。另外，外界环境等因素也会造成运动损伤，如雨后路滑，光线不足，气温过高、过低，过于潮湿，器械劣质，服装和鞋子不合适，缺乏必要的防护器具，运动场地不平坦或有小碎石、杂物等。

(二)运动损伤的防治

运动损伤的种类很多，各个运动项目对人体各部位的运动伤害各不相同。总的来说，运动员小损伤多、慢性损伤多。在慢性的小损伤中，有的是一次急性损伤后尚未完全康复就投入训练造成的,还有的是由于运动量安排不当,局部负荷过大造成的。在大众健身中,锻炼者运动损伤的发生情况与运动员的有相似之处,但也有较大差异。急性损伤者相对较多,而劳损者相对较少。面对众多类型的运动损伤,只要遵循以下预防原则,即可避免或减少运动损伤的发生。

(1)遵守体育锻炼系统性和循序渐进的一般原则。对于不同性别、年龄和不同项目的运动员,无论其是否有伤病,都要对他们区别对待,如果不加区别地给予同样的运动量与强度,学习同样难度的动作,那么素质较差的运动员就会受伤。训练课中避免"单打一"的训练方法。

(2)注重拉伸练习。拉伸练习是有目的地将肌肉和软组织在运动前、中、后进行拉伸,使被拉伸的肌肉或软组织得到充分的放松。这有利于肌肉的机能恢复,防止肌肉的拉伤,保持肌肉的弹性,避免造成运动技术的僵硬和变形。准备活动时的拉伸练习是把肌肉和软组织的内部黏性减轻,增加弹性,提高肌肉温度,预防运动中的肌肉拉伤,主要靠主动性的拉伸训练;训练后的拉伸练习则是放松僵硬疲劳的肌肉,加速肌肉内部代谢产物的排出,减少肌肉的酸痛,尽快恢复体能,主要采用被动拉伸。

(3)加强运动中的保护与帮助。为避免可能发生的损伤,最好掌握各种自我保护的方法,如自高处摔下或落下必须双腿并拢,相互保护以避免踝关节的损伤。学会各种滚翻动作以缓冲与地面的撞击;各种支持带的正确使用等。

(4)加强易伤部位和相对较弱部位的训练,提高它们的功能,是预防运动损伤的一种积极手段。例如,为了预防腰部损伤,应加强腰腹肌的训练,提高腰腹肌的力量,并增强其协调性和拮抗的平衡性。

(5)重视小肌群训练。人体的肌肉分为大小肌群,小肌群一般起固定关节的作用。一般的力量练习往往注重大肌群而忽视小肌群的练习,造成肌肉力量的不均衡,增加了运动时受伤的概率。小肌群的练习多采用小重量的小哑铃或橡胶拉力,大重量的上肢练习往往有害无益。另外,小肌群练习时应结合多种方向的运动,并且要求动作精确无误。

(6)注重身体中枢稳定性练习。中枢稳定性是指包括骨盆和躯干的力量的稳定性。中枢力量和稳定性对于完成各种复杂运动动作至关重要。然而,传统的中枢训练多在固定平面上进行,如常练习的仰卧起坐等,功能性不强。中枢的力量练习应同时包括腹部的屈和旋转两种运动形式。

(7)加强自我监督。根据运动项目特点制定一些特殊的自我监督方法。如易患髌骨劳损的项目,可以做单腿半蹲试验,出现膝痛或膝软即是阳性;易伤肩袖的项目,应经常做肩的反弓试验(肩上举170°时,再用力后伸),出现疼痛即为阳性。易患胫腓骨疲劳性骨折、足屈肌腱腱鞘炎者应常做"足尖后蹬地试验",伤处疼痛者即为阳性。

(8)创造安全的锻炼环境。体育器具、设备、场地等在锻炼前都应进行严格的安全检查,例如,参加网球锻炼时球拍的重量、捏柄的粗细、网拍绳子的弹力应该适合锻炼者个人的情况;在锻炼时女性的项链、耳环等锐利物品暂时不要佩戴;锻炼者应根据运动的项目、脚的大小、足弓的高低选择一双弹性好的鞋子。

(三)运动损伤的康复

康复训练是指损伤后进行有利于恢复或改善功能的身体活动。除严重的损伤需要休息治疗外,一般的损伤不必完全停止身体练习。适当的、科学的身体练习对于损伤的迅速愈合和促进功能的恢复有着积极的作用。

1. 康复训练的目的

(1)保持良好的身体状态。通过康复训练可以预防肌肉萎缩和挛缩,保持健康肢体的运动能力,维持良好的心肺功能。

(2)防止停训综合征。一旦突然停止锻炼,个体在长期的体育锻炼中建立起来的各种条件反射性联系便可能遭到破坏,进而产生严重的机能紊乱,如神经衰弱、胃扩张、胃肠道机能紊乱等。

(3)伤后进行适当的康复性锻炼,可加强关节的稳定性,改善伤部组织的代谢与营养,加速损伤的愈合,促进功能、形态和结构的统一。

(4)通过伤后的康复训练,可以使机体能量代谢趋于平衡,防止体重的增加,缩短伤愈后恢复锻炼所需的时间。

2. 康复训练的原则

(1)正确的诊断。科学合理的康复计划必须建立在正确而全面诊断的基础上,错误或不完整的诊断会延迟、阻碍损伤的康复进程。

(2)个别对待。根据不同的年龄、病情、机能状态选择运动手段、预备姿势及运动量以发展和改善肌肉的功能(力量、速度、耐力)及关节活动度。

(3)伤后的康复训练以不加重损伤、不影响损伤的愈合为前提。应尽量不停止全身的和局部的活动。而且,伤部肌肉的锻炼开始得越早越好。

(4)康复训练计划遵循全面训练、循序渐进、适宜大运动量的原则。在损伤愈合过程中,康复动作的幅度、频率、持续时间、负荷量等都应逐渐增加。否则,会加重损伤或影响损伤的愈合,甚至会使损伤久治不愈而成陈旧性损伤。康复训练应注意局部专门练习与全面身体活动相结合。在损伤初期,由于局部肿胀充血、疼痛和功能障碍等,这时以全面身体活动为主,在不加重局部肿胀和疼痛的前提下,进行适当的局部活动。随着时间的推移,损伤逐渐好转或趋向愈合,局部活动的量和时间可逐渐增加。

三、全民健身的科学医务监督

(一)体育活动中的医务监督

(1)体育活动中安排的运动负荷的大小、动作的难易程度、身体的活动部位应符合渐进性、全面性原则,在活动组织中应随时注意观察锻炼者的反应。如果发现不少锻炼者有出汗过多、面色苍白、动作反应迟钝或不协调的表现,同时伴有心悸、头痛、恶心,就说明本次活动运动负荷太大,需要及时进行调整。

(2)进行室外体育活动时,要注意观察天气对锻炼者身体的影响。寒冷季节有风时容易发生冻伤,中老年人可能会诱发心血管意外(如心绞痛、心肌梗死或脑血栓等),应该将锻炼时间安排在气温回升之后。夏天组织体育活动时应该避开最热的时段,在空气湿度过大时,应减少锻炼的时间,减小强度;有不适感觉的锻炼者应暂时停止锻炼。

(3)对锻炼场地(器材)、服装进行安全检查。每次组织锻炼前应该检查运动场地是否适合锻炼,如对各种器材进行检查,及时排除潜在危险。提醒锻炼者锻炼时要穿防滑、舒适的鞋,鞋底要有一定的厚度和弹性,服装一般要宽松合适,不能过于肥大或紧身,最好是透气性好的棉织品,不要戴胸花,不要别别针,小刀等尖锐的物品不应放入衣服口袋里,以免在锻炼中发生意外。另外,要经常对锻炼者进行体育卫生宣传教育,并制定相应的规章制度,保证对体育卫生的贯彻执行。

(二)比赛期间的医务监督

在组织锻炼者参加体育比赛时,一般要做好以下几方面的医务监督工作。

一是比赛前要求锻炼者进行体格检查,重点检查心血管系统。除一般医学检查外,还要进行机能实验,必要时可做心电图等特殊检查,严格把关,不允许机能不良者参加力所不及的比赛,更不能让感冒发烧者、患有慢性内脏疾病者参赛。

二是协助比赛程序的组织和编排工作,避免一些锻炼者连续、过多地参加比赛,防止不考虑性别、年龄的编组现象出现。协助做好比赛期间锻炼者的伙食管理,保证锻炼者充足的营养补充。

三是做好场地、设备的卫生检查，组织好比赛期间的医务监督和场地急救工作。

四是开展体育卫生宣传活动，如充分做好准备活动，遵守比赛规则，注意饮食饮水卫生，遵守生活制度，讲究个人卫生等。

(三)消除疲劳的途径和方法

疲劳是由于活动使工作能力及身体机能暂时降低的现象，根据疲劳产生的机制和疲劳的分类，可以用以下途径和方法消除运动后产生的疲劳。

1. 消除疲劳的途径

首先，利用有效的方法方式进行肌肉放松。改善身体的血液循环，补充身体需要的营养物质，加速体内代谢物的排除。其次，通过调节身体神经系统，使得身体处于放松状态。最后，通过食物补充因为运动而消耗的身体体能与人体必需的物质，或利用中药进行人体机能的调节与恢复。

2. 消除疲劳的方法

在健身锻炼中出现疲劳后可选用下列方法消除疲劳。

(1)通过整理活动消除运动后的疲劳。整理活动是运动后快速有效恢复身体原有机能的一种方法。其根本在于运动后做一些整理活动，可以调节呼吸系统，快速吸入更多的氧气。有利于改善身体循环系统，使身体在激烈运动后快速恢复到原有身体机能状态，减轻肌肉的僵硬与酸痛。整理活动可以通过慢跑、呼吸体操机等来进行。

(2)通过良好、深入的睡眠消除运动后产生的疲劳。睡眠时大脑皮层的兴奋性降低，体内分解代谢处于最低水平，而合成代谢水平相对较高，有利于体内能量的蓄积。成年人每天应该有8～9小时的睡眠时间，青少年必须保证每天有10小时的睡眠时间。

(四)体育活动减体重的医务监督

随着人们的生活水平的提高，肥胖症的发病率明显提高，在大城市尤为突出。人们逐步认识到肥胖会带来一系列危害，减体重成为人们日益关注的问题。适当的体育活动可以有效地减体重，但是在减体重的过程中还存在一些误区，应该加强医学指导和医务监督。

1. 肥胖的概念

肥胖是指体内脂肪堆积过多。从组织学角度来看，人体体重主要是由脂肪、肌肉、骨骼、内脏体液及其脂肪构成的，其中脂肪所占的重量称脂肪体重，通常用体脂百分比来表示，肌肉、骨骼和内脏等组织重量称瘦体重，人体肥胖主要是脂肪体重过大造成的。

2. 肥胖的标准

体重增加，超过理想体重20%或体重指数大于28可定为肥胖症；体重超过理想体重10%又不到20%或体重指数大于（或等于）24小于28者称为超重。男性腰围超过85厘米，女性腰围超过80厘米也是肥胖，正常男子腰围和臀围之比应小于0.95，女子小于0.85，如超过即为心性肥胖。

第三章　全民健身方法研究

第一节　城市社区体育健身

一、城市社区体育概述

(一)社区体育的概述

1. 什么是社区体育

社区体育是指以基层(微型)社区为区域范围，以辖区内的自然风景和体育设施为物质基础，以社区成员为主体，以满足社区成员的体育需求，增进社区感情为主要目的，就地就近开展的区域性体育。

2. 社区体育的构成要素和功能

社区体育的构成要素包括社区成员、为保证社区体育正常开展而建立的体育组织、必要的场地设施、一定数量的社会体育指导员、各种具体的体育活动、一定的经费保证。

社区体育的功能包括：提高居民的身心健康水平；丰富和活跃社区居民的业余文化生活；沟通居民的人际关系，培养和巩固社区感情，增强社区的凝聚力；稳定社区生活秩序。

(二)我国现阶段社区体育中存在的问题

1. 体育设施与资金匮乏

社区体育设施有一部分是开发商为了在售房时吸引住户时修建的，功能单一；另一部分是体育彩票发行后体育局建立起来的。大多社区的体育设施基本都一样，重复建设严重。许多社区的体育设施只是几个简单的组合器械。多为铁制，露天放置，冬凉夏热，缺少管理，利用率不高。社区体育经费主要以个人缴纳和自筹资金为主，政府仅给予少量的拨款，以致资金短缺成为制约社区体育发展的首要因素。

2. 社区体育缺乏有力组织

目前,我国许多城市社区体育主要是由街委会下设的体育协会来管理和组织的,大多没有设立体育指导中心,也没有社区体育指导员。有社区体育指导员的也只是简单地维护一下体育设施,并未有效地开展社区体育活动。对社区体育重要性认识不够,导致对社区体育组织活动的力度不够。

3. 社区体育人才严重不足

社区体育人才包括组织管理人才、健身指导人才、健康检测人才、科研人才、体育产业经营人才等。当前,街道办事处是社区体育的管理部门,而管理的人才大多是工会成员以及离退休干部等。街道办事处的工作人员大多对体育管理知识缺乏。然而,近年来,各级社区体育指导员通过培训并合格的多达六万人,按全国人口来说,两万人中有一个体育指导员,而分配到社区的体育指导员的数量更是远远达不到社区居民健身的要求。体育教师大多集中在学校,未能与社区体育的主管部门建立实质的联系。专业培养体育人才的院校都没有社区体育这个专业。市、区人民政府以及街道办事处往往没有从事社区体育的专门编制,而专业体育人员在社会体育中的缺位也是制约社区体育健康发展的因素。

4. 社会环境条件制约着社区体育的发展

社会环境条件包括推广锻炼方法、宣传体育知识、健全体育法规政策、建设群众体育指导队伍、社区建设体院场地设施、开放公共体育场馆等。人们参与体育健身活动,不仅取决于个人观念、个人需求、个人条件,同时还取决于社会环境的容纳程度及其所能提供的保障条件,且重点在后者。

(三)发展社区体育的对策

1. 从经济、政策上加大对社区体育的帮助

采取针对体育赞助的特殊税收政策。对非营利性的俱乐部和协会实行减税。政府为大型体育活动提供经费支持。推行体育彩票、体育博彩政策,增加政府对大众体育事业的财政拨款。政府成立专门的大众体育组织机构;制定和规划大众体育发展计划以及各种大众体育政策;给予一定的财政拨款,并积极修建大众体育设施;大力宣传全民健身运动,设立体育节、体育日,激励大众全面参与体育运动,创造一个全民健身的良好大环境。此外,要想正常有序地开展社区体育活动,必须以建立完善的城市社区体育法制为前提,只有完善社区体育法制,才能使我国城市社区体育走上可持续发展的道路。

2. 完善社区体育组织的管理体系

社区体育的管理体系应由领导体系、协调体系和操作体系三大部分组成，分为市、区、街道、居委会四个层次。各体系、各层次各司其职，发挥各自的作用，街道社区体系以街道办事处为依托，由辖区内的单位和居委会共同组成。街道社区体系为上位管理组织，体育协会、体育俱乐部、晨晚练体育活动站、体育辅导站、体育服务中心、辖区单位体系、居委会体育小组等组织是下位管理组织。晨晚练体育活动大部分由街道社区体系管理，市（区）工会、体协和辖区单位也各自管理一些体育活动。社区体育的这种组织管理，在横向上突破了以往大众体育"以单位为主、以条为主"的管理体制，纵向使大众体育深入城市的基层，有利于形成"条块结合，以块为主"的新型大众体育管理体系。

3. 建立社区体育人才的开发与共享

确立从事社区体育的人员的公务员编制，借助于体制去培养众多的社区体育人才，每一级社会体育指导员培训站要及时地培养出社区体育的管理人员。体育院校应开设与社区体育有关的专业以及研修班。利用体育教师的丰富经验和知识，培养社区体育人才，组织各种体育竞赛，使学校和社区的体育设施更好地服务于体育人才。

4. 社区体育应走可持续发展道路

由于我国社会经济持续、快速地发展，物质财富不断增加，人民对体育的价值观念也在不断完善，对社会体育的参与程度也在不断提高，于是社区体育的发展规模就出现了不断壮大的趋势。近年来社区体育发展的进程证明了社区体育在我国具有越来越广泛的群众基础，呈现出越来越繁荣的发展景象。社区体育有着广泛的发展前景，并将呈现出普及化、社会化、科学化、多样化的发展趋势。

可持续发展观作为一种全新的社会发展观和发展理念，是继经济增长之后人类社会发展史上一次质的飞跃，其基本含义是保证人类社会具有长远的持续发展的能力，因此社区体育应走可持续发展之路。

以街道社区体育为重点的社区体育是当前我国一种全新的体育形式。必须建立社区体育组织的网络系统，充分发挥社区体育组织的功能与作用，提高管理水平，同时重视体育资源的开发，抓好社区居民的体质监测工作，保证社区体育健康有序快速地发展。

(四)我国城市社区体育场地设施概况

1. 我国城市社区体育场地设施严重不足

《城市居住区规划设计规范》修改版中规定：每个居住区文体服务设施建筑面

积要达到125～245平方米/千人，用地面积要达225～645平方米/千人；要求区级社区要有1.5万～2.0万座位的体育场一个，2 000～4 000个座位的体育馆一座，居住小区需配备体育场所200～300平方米/千人。根据第5次体育场地设施调查显示，"完全归属社区的体育场地仅占全国体育场地总数的8.84%，其中居住小区占4.86%，公园占0.7%，广场占0.61%，其他占2.67%"。这说明我国相当大比重的社区体育场地设施确实非常匮乏，城市社区体育场地严重缩水，已经严重影响了社区居民的体育活动需求。

2. 新、旧城区发展不均衡

我国城市建设快速发展，兴建了一大批规划合理的新城区，而居住在新城区的居民多是社会精英群体，其在体育公共服务领域掌握了更多的资源和话语权，因而无形中，政府的政策优惠与资金投入就会更多地向新城区的体育场地设施建设倾斜。而旧城区或经济相对不发达社区在争取体育公共服务领域的优势便薄弱许多，同时旧城区改造成本更高、困难更大，这些因素造成其在体育场地设施数量上与新城区存在较大差距。这说明城市社区之间存在着体育资源分配不均衡、体育场地设施建设不同步的问题。为了解决此问题，必须发展辖区的经济，加大政府的经费投入和政策支持，均衡调配，使各城区的体育场地设施兴建工作同步发展。

3. 相关部门监管力度不够

《中共中央、国务院关于进一步加强和改进新时期体育工作的意见》中要求：新建居民小区必须具备相应规模的公共体育设施。虽然《城市居住区规划设计规范》对文化和体育用地有具体的指标：每个居住区文体服务设施建筑面积要达到125～245平方米/千人，用地面积要达225～645平方米/千人；但此项指标是把文化与体育用地合并标注，因此体育部门无法独立监督执行，另外相关部门在工程验收时也不强制执行用地指标，因此经常出现体育场地设施建设不利的现象。

4. 学校及企事业单位的场地设施向社会的开放程度不理想

根据调查，基层社区体育活动场所主要集中在社区空地，而距离社区公园较近的居民则选择公园为健身场地，学校体育场地开放程度并不理想，主要原因是学校场地还承担着学生的教学与活动需要。到营利性场所健身的居民就更少了，这些场所较能满足一些中青年的健身需求。这说明社区空地和公园等不收费的场所是居民健身的主要阵地，学校场地设施开放程度不足，经济条件制约居民到营利性场所健身，但有一定收入基础的中青年居民会选择到营利性场所进行不同需求的体育锻炼,成为社区体育产业化的先行者。

(五)城市社区体育场地设施建设与整合

城市社区体育场地设施的缺乏严重影响社区居民体育需求的满足,是目前影响我国城市社区体育发展的主要因素,同时也对全民健身活动开展、基层体育组织建设、群众体育队伍发展产生不利影响。因此,要改变目前我国城市社区体育场地设施的现状,使城市社区体育健康发展,必须充分调动全社会的力量并对体育资源进行整合,使体育资源合理、高效利用,实行资源共享。

1. 全民健身工程的投入

为了进一步满足广大人民群众多元化的体育健身需求,继续推进体育场地设施建设,国家体育总局每年平均启用3 000多万元公益金作为引导资金,开始在全国探索、兴建"全民健身活动中心",并取得了显著成绩。国家体育总局为充分调动各地"全民健身活动中心"筹建工作,大力推动体育场地设施建设进展,2001年始,国家体育总局首次提出建设"环太湖体育圈"的构想,并得到江苏、浙江两地政府的大力扶持,三方共同投资数十亿元,于2004年拉开建设的帷幕,2007年初具雏形,成功打造了我国第一个国家级"全民健身活动基地"。这次尝试与探索,为开发与建设群众体育模式提供了宝贵经验。

全民健身工程、全民健身活动中心和环太湖体育圈建设工程的实施,完全满足了《体育法》"体育基本建设资金列入本级财政预算和基本建设投资计划,并随着国民经济的发展逐步增加对体育事业的投入"的要求,目前在资金投入、实施建设及社会效应方面有了显著成果,日后将继续进步。未来我国城市社区体育场地设施建设将与城市空地、广场、公园和小区建设全方位结合,实现体育、休闲、娱乐一体化,成为政府为广大人民群众办实事的"民心工程""利民工程"。

2. 企事业单位和学校体育资源的利用

通过目前经济发展较好国家的体育实践经验证实,城市社区体育不能替代企事业单位和学校体育。我国用于大众体育锻炼的资源,70%以上集中在企事业单位和学校,而且分布广泛,布局较为合理。为了解决我国体育场地不足的问题,国家体育总局、教育部联合颁布了《关于开展学校体育场馆向社会开放试点工作通知》,这是我国改善体育场地不足的策略,指示部分城市进行学校体育场馆向社会开放的试点工作,进而积极、稳步、有效地促进全国学校体育场馆向社会开放。第一批在北京市、天津市、上海市、广东省、湖北省、吉林省、四川省7个省、直辖市、12个区、158个试点单位进行。各试点城市要成立由体育、教育、社区等部门参加的工作小组，专门负责指导本地区试点工作小组，试点单位向社会公布并接受媒体的监督。

(六)我国城市社区体育场地设施发展探析

1. 积极吸收国外先进经验，将企事业单位和学校的体育资源纳入城市社区体育建设规划

1959年联邦德国推出了体育的"黄金计划"，总共修建67 095个体育设施，其中包括31 000个儿童游乐场，14 700个中等规模的运动场，10 400个体育馆，5 500个学校体育馆，2 420个露天游泳池，2 625个教学游泳馆，50个游泳馆，以及其他体育设施。德国通过"黄金计划"将学校等体育场馆的筹建纳入整个公共体育场地设施的建设规划之中，并从国家层面得到保证，"黄金计划"从城市建设总体布局上为德国学校体育资源的对外开放打下了坚实的基础，为德国民众的运动、休闲建造了足够的体育场地设施。但是目前我国还没有将企事业单位和学校的体育场地建设纳入整个城市社区的统筹规划之中，因此，可以学习发达国家的先进经验，通过政府的宏观调控将企事业单位和学校的体育资源建构也纳入整个城市社区的整体规划之中，使体育场地设施布局更合理，资源利用更均衡。

2. 立法促进和保障企事业单位和学校体育场地设施的对外开放

企事业单位和学校体育场地设施的对外开放，会给办公环境和教学环境带来一些变化，因此正常的办公、教学秩序可能会受到一定程度的影响，这将在客观上使企事业单位和学校增加了一些维护成本，而且在组织管理和利益分配方面都存在很多现实问题，因此全面保障其体育场地设施向公众开放，确保开放可以持久、深入、长效，在法律层面加以约束是必要的。通过立法可以理顺关系、明确责任，并提供法律保障。

二、全民健身路径的内涵

"全民健身路径"是实施全民健身工程的基础，是一种全民健身的公用体育活动设施，一般安置在室外，因为其具有占地面积小、投资少、美观实用、方便易建的特点，所以在城市和农村社区中被广泛采用，同时受到了广大居民的青睐。"全民健身路径"通常由数种健身器械科学排列组合，在城市、农村社区、公园、广场或人员密集活动的场所合理分布，成为广大群众普遍欢迎的健身活动形式之一。社区常见的健身路径一般有压腰架、平衡木、梅花桩、推手架、太极推手器、上肢牵引器等数十种，在推进全民健身计划的进程中，发挥了重要的作用。近年来，随着国民经济的发展和全民健身运动的深入开展，社区健身路径的规模、数量不断扩大,居民健身运动的积极性不断高涨,只有进一步把健身路径建设与全民健身运动有机地结合起来,使健身路径充分发挥出其最大功能,才能真正实现全民健身计划。

三、当前社区健身路径开展现状

随着《全民健身计划纲要》的出台,各地都积极贯彻全民健身计划,大力发展社区体育,可以说社区是实现国民健身计划的主阵地,其开展的好坏对提升国民的身体素质、增进居民的身心健康有着重要的影响。在20多年后的今天,全民健身计划不断深化,"全民健身路径"有了翻天覆地的变化,经历了从无到有、从小到大、从弱到强、从简单到精细、从单一到丰富的跨越式发展,国民的整体素质显著提升。但是随着时代的发展,人们的健身需求也在日益增长,当前在社区健身路径的设置上,还存在一些不同程度的问题,这些问题对社区居民参与健身的积极性产生了直接的不利影响。

(一)健身路径发展不均衡

据有关调查数据显示,目前我国健身路径在数量上还不均衡,在西部和贫困地区健身路径的数量明显不足,较东部和发达地区较为落后。总体上西部少于东部,农村少于城市社区。健身路径建设工作开展得很不均衡,建设资金投入多以政府补贴、财政拨款为主,通过社会资金或企业赞助的资金来源缺乏,过多地依赖政府,一定程度上造成了发展不均衡,设备资金投入普遍不高的现象,以致很多地方严重缺乏健身路径,对居民的健身活动造成很大不便。

(二)社区健身路径缺乏有效的管理

在当前的社区健身路径建设管理中,还存在许多薄弱环节。首先对健身路径管理工作重视不够,大多是将健身器材安装到位后就认为万事大吉了,对健身器材的使用、维护、检查等工作关注不多,没有指定专人来定期维护和检查,致使有些器材在损坏之后得不到及时维修,处于瘫痪状态。有的社区的健身器材严重滞后,缺乏维护更换的资金支持,致使健身路径很难满足居民的健身需要,更谈不上开展体育活动了。或者早期安装的健身路径,绝大部分"超龄服役",设备老化、破旧、锈迹斑斑,或"缺胳膊少腿",器材损坏之后,不能及时进行修理或拆除,给居民健身带来了安全隐患,于是健身路径失去了应有的职能,成为摆设和样子。另外,有的社区即使配备了维护人员,但他们也只是负责对器材进行看护,并不具备一些专业的体育健身常识,对体育锻炼方法了解得不够,很难对社区的体育工作提供科学的指导。再加上这些人员只是定期地对损坏的器材进行简单维修，与上级有关部门之间缺少沟通联系，使健身路径的作用不能得到高效发挥。

(三)社区健身路径布局不够合理

在当前寸土寸金的城市，一些开发商往往追求最大的建设效益，容积率较高，加上必需的绿化之后，很难找到较大面积的空地来布置安装健身器材，这导致大部分社区的健身器材都安装得过于密集，或者一些社区不同种类的健身器材被零散地安装在一些边边角角的空闲地带，不能得到良好的衔接。而锻炼者最需要的是合理的练习方法和手段，要想使身体的各个部位得到锻炼，就需要用到不同的器材，用它们来进行不同方向、不同动作的交叉锻炼，从而使身体各部位得到最大限度的放松，缓解疲劳。因此如果器材安装得过密或者太过分散，就不便于居民进行锻炼，而器材的作用也就不能得到充分发挥，这就影响了居民锻炼的心情，健身效果不能保证。

四、社区全民健身路径的发展对策

(一)加强社区体育管理，科学合理规划社区健身路径

当前我国城市中大部分社区体育管理的制度体制还不完善，各级政府及相关部门要加强指导和扶持，把社区健身路径的发展规划作为体育工作的前提和基础。要结合本区域、本社区的实际情况，统筹考虑场地、资金及健身群体的需求，通过社区的民意调查，根据健身路径的优势，有计划地、有前瞻性地科学安排和设置健身路径，确保使安装的每一个器材都能发挥出最大的功用。要指导社区管理人员制定相关的开展体育工作的制度，建立体育组织机构，把社区的体育工作纳入所辖乡镇的管理考核当中，通过制度约束来不断加强社区的体育工作。

(二)强化对全民健身路径的宣传

加强社区体育工作，通过社区健身路径的使用推广宣传，来营造全民健身的氛围。要通过社区宣传栏、广播或定期组织健身活动比赛等多种形式，调动全民参与健身的积极性，使广大居民增强自我锻炼的意识，认识到健身的重要性。相关部门要组织各社区间相互学习，通过开展路径器材展示、健身知识测试、健身表演等活动，培养居民参与健身、热爱健身的观念，使社区居民都积极投入健身路径的锻炼中来，用强健的体魄来证明社区体育工作开展带来的显著成效。

(三)健身器材的管理

社区健身器材的及时修理、维护和淘汰、更新是开展体育工作的根本保障，社区要配备专门的健身器材管理人员，定期对健身器材进行检查维修，确保健身器材不"超龄服役""带病上岗"，使社区居民能在保证安全的情况下得到锻炼。政府及相关部门要加大对社区路径建设的投入，不断更新和完善必需的健身器材。同时，要吸引社会资本、企业家、社区能人等投入资金参与健身路径建设，为健身路径建设提供坚强的资金保证。

五、社区健身器械健身方法指导

(一)组合单杠(图3-1)

使用方法：人跳起，双手正握杠，做引体向上或者做悬垂举腿运动。

注意事项：双手紧握横杠，防止摔下受伤。

图 3-1　组合单杠

(二)平衡滚筒(图3-2)

使用方法：双手紧握横杠，双脚站在滚筒上，用脚缓慢向前或向后滚动滚筒。

注意事项：紧握横杠，平衡滚筒静止时，才能上下器械，运动开始时要慢，然后逐渐加快。老年人、身患疾病者不能使用该器械。

图 3-2　平衡滚筒

(三)太空漫步机(图 3-3)

使用方法：手握扶手，双脚在踏板上，调整身体重心，双脚前后走动。

注意事项：握扶杆时要拇指和食指相对，握紧扶杆，这样可以避免松脱摔伤。

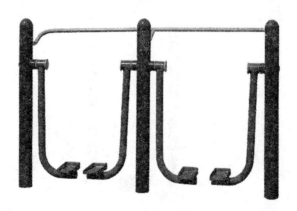

图 3-3　太空漫步机

(四)健腰器(图 3-4)

使用方法：双手紧握手柄，双脚平衡地站在圆形踏板上，或坐在转腰盘上，脚踏踏板，腰部发力带动下肢或身体左右滚动。

注意事项：扭转时腰部要有所控制，幅度不宜过大。切记手始终不能离开手柄。留意自己是腰与肩同转还是只扭转腰，假如习惯只扭转腰的话，要保持扭腰的转角在45°以下，扭转速度要缓慢和平均，才能做到健身而不伤身。

(五)腰背推拿器(图 3-5)

使用方法：人体紧靠推拿器，上下左右缓慢运动。该器械较适合于老年人使用。

注意事项：用力适中，动作要由缓到快。

图 3-4 健腰器

图 3-5 腰背推拿器

(六)跷跷板(图 3-6)

使用方法：两人分别坐于坐板上，双手紧握扶手，腰部用力使主梁振荡。

注意事项：两手应紧握扶手，振荡频率不应过快、过大。

(七)单人健骑器(图 3-7)

使用方法：坐在座椅上，双手握紧手柄，两脚踏牢踏板，脚向下蹬，同时手向后拉。

注意事项：操纵时应挺胸抬头，双足踏稳。

图 3-6 跷跷板

图 3-7 单人健骑器

(八)划船器(图3-8)

使用方法:坐在划船器上,脚蹬踏板,双手前抓把手向后拉,重复模拟划船动作。

注意事项:上下器械时要把握好平衡,以免摔倒。

(九)跑步机(图3-9)

使用方法:双手握紧扶手,双脚分开站在踏板上做慢跑或走步运动。

注意事项:双手应紧握横杠,防止摔下;双腿摆动幅度不宜过大,避免肌肉拉伤。

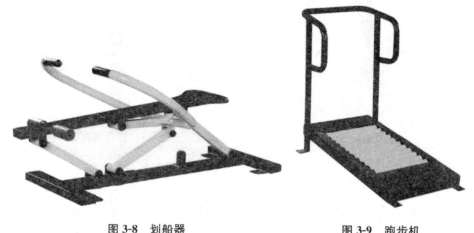

图3-8 划船器　　　　图3-9 跑步机

(十)多功能锻炼器(图3-10)

使用方法:可做引体向上、曲臂撑、俯卧撑、扩展胸背、悬垂举腿等运动。老年人及心胸血管患者须遵医嘱。

功能:锻炼上下肢、肩、胸等部位的肌肉和活动技能。

(十一)蹬力器(图3-11)

使用方法:先坐上座椅,手扶两手把,脚蹬挡管,以自身为重量,反复多次蹬腿,训练5~8分钟。评分标准为连续蹬腿50次为优,连续蹬腿40次为良,连续蹬腿30次为中,20次为差。

功能:增强腿部肌肉力量及提高下肢的运动能力。

注意事项:禁止儿童使用。

(十二)压腿训练器(图3-12)

使用方法:根据自身的身高选择合适的杠高,单腿伸直放在杠上,收手拉脚尖，身体向前弯曲。

功能：增强腿部肌肉力量及提高下肢的运动能力。

图 3-10　多功能锻炼器

图 3-11　蹬力器

注意事项：禁止儿童使用。

图 3-12　压腿训练器

(十三)上肢牵引器(图 3-13)

使用方法：手握把手，一上一下，转动转架。

功能：提高上肢灵活及手脑协调能力。

注意事项：

(1)适用于 10 岁以上人员；

(2)器械安全使用范围为 2 米；

(3)使用该器械时禁止嬉戏打闹；

(4)禁用该器械做使用方法以外的动作;

(5)运动者注意:单臂不可突然撒力,以免造成伤害。

(十四)双杠(图 3-14)

使用方法:

(1)分腿骑坐前进;

(2)杠端跳起越杠追逐跑;

(3)杠上外侧坐越两杠,摆动跨杠下;

(4)双臂屈伸运动;

(5)双杠举腿:双手握杠跳起成直臂支撑,双腿提起与上体成 90°,然后再返回原位为 1 次。

功能:增强肩带肌群力量。

注意事项:使用者体重不超过 100 千克。

限用人数:1 人。

图 3-13　上肢牵引器

图 3-14　双杠

第二节　社会不同群体的健身方法研究

一、不同年龄群体的健身方法指导

(一)5~17 岁:每天 60 分钟中强度运动

少年儿童身体正处在生长发育时期,心血管系统的重要器官——心脏还没有发育成熟，因此在体育锻炼中应对大强度、激烈的运动加以控制，时间不要过长，应选择具有灵活性、协调性及速度性方面的运动项目，如跑步、游泳、篮球、乒乓球、足球、排球等运动。由于少年儿童的骨骼与肌肉还处在生长发育阶段，肌纤维横径还不够粗，力量素质相对较弱，在进行器械力量锻炼时，要注意掌握好适宜的负荷，应以中小负荷为主。

5～17岁的人应该每天累计至少做60分钟中等强度到较大强度的体力活动。60分钟以上的体力活动可以提供更多的健康效益。日常体力活动以有氧运动为主，每周至少应进行3次较大强度的体力活动，包括强壮肌肉和骨骼的活动。这就是说，对于少年儿童，活动不要太温和，强度要大一点，不能做到每天1次，至少也要每周有3次。增强肌肉的活动主要是力量练习，增强骨骼的活动主要是撞击力的运动。比如走路对脚底的撞击力就不如跑步大。而且户外运动时紫外线照在皮肤上，皮肤内的维生素D前体物质就容易转化成维生素D，促进钙的吸收。

(二) 18～64岁：每周150分钟有氧运动

中青年可以根据自身的条件和爱好来选择健身运动项目。中青年人由于休闲时间较少，因此健身时来去匆匆。有的人刚开始锻炼就有很大的强度和密度，这是不科学的健身方法，不仅容易造成肌肉和关节软组织损伤，而且会对人体的心血管系统造成损害。因此健身时首先要做一些准备活动，如慢跑，做柔韧体操等。另外，中青年的运动健身项目要多样化，可多选择球类、游泳、韵律体操等全身性运动项目，这样能使身体机能和素质得到全面提高。

18～64岁的人每周至少做150分钟中等强度的有氧运动，或每周至少做75分钟较大强度的有氧运动，或中等和较大强度两种组合的有氧运动。对年轻群体，推荐较大强度的有氧运动；对体质弱一点的人、刚开始运动的人或年龄大的人推荐中等强度的有氧运动。每周150分钟，可以每天30分钟，每周锻炼5天。每天30分钟最好一次完成。如果没时间，也可以每次锻炼10分钟，累计30分钟。为获得更多的健康效益，要达到每周150分钟的有氧运动，每周至少有两天进行大肌群参与的强壮肌肉活动。

(三) 65岁以上：每周3天练平衡

老年人如若健身方法不当，其健身效果将不理想，甚至会事与愿违。老年人进行体育健身活动的一个重要原则是"因人而异，循序渐进，持之以恒"。健身初期运动量不宜过大，经过一段小运动量健身后，若身体感觉适应了，再适当增加运动量；若身体感觉不佳，一定要及时调整，减少运动强度和时间。老年人进行体育健身活动的另一个重要原则是要进行有氧运动，即运动自始至终以有氧代谢为主。这就要求运动强度不大,动作柔和缓慢,呼吸畅通,不感到憋气和心慌。散步、慢跑、打太极拳、健身舞、交谊舞等都是比较适合老年人的有氧健身项目。有游泳爱好的老年人也可以坚持这种健身项目。需要强调的是,老年人不适宜进行力量训练,如一些重器械的负荷练习或身体悬垂向上的力量练习。这类运动将引起血压急剧上升、心脏和大脑缺氧,会对老年人的心脑血管造成伤害。只要身体条件允许,老年人坚持每日健身是非常必要的。

老年人与成年人的运动建议基本是一致的。活动能力比较差的老年人,每周至少应该有三天做提高平衡能力和防止跌倒的活动。因为随着年龄的增长,肌肉变得比较弱,一些骨关节疾病的发病率也提高了,再加上一些慢性病,平衡能力就比较差。所以预防老年人跌倒是运动科学中非常重要的内容。老年人每周至少应有两天进行大肌群参与的强壮肌肉活动。有些老年人因为体质弱或疾病不容易达到推荐标准。对于他们来说,动比不动好,多动比少动好,在自己能接受的范围内,还是适当多做运动。对于一些坐轮椅的老年人,多做一些上肢运动也是可以的。

二、不同性别群体的健身方法指导

(一)男女身体差异

1. 男女激素水平造成肌肉不同

肌肉,人体的任何运动都是骨骼肌收缩的成果。而男女的激素水平不同造成男女肌肉的形状、大小也很不一样,可以直观感受一下。

人体内同时存在着雌雄两种激素,只是男性以雄性激素为主,女性以雌性激素为主,正常情况下,两种激素比例是平衡的。

在运动领域,雄性激素确实可以增加肌肉的体积、力量和持久力,也可以刺激血红蛋白的合成,从而提高血液携带氧气的能力。这也是很多奥运会上优秀的女性运动员,她们的身材、脸型具有一些男性特征的原因。

女性的肌肉中慢肌纤维比例明显高于男性,这种肌纤维的收缩速度慢,力量小,但能持续很长时间。换言之,女性区别于男性的激素水平和肌肉纤维,使其更加适合较长时间以及较大运动量的训练方式。

2. 男女脂肪水平不同

(1)体脂肪量不同。女性的体脂率为18%时就能清晰地看到马甲线,如果是15%再加上适当的腹部训练基本上就可以练出腹肌了。

国外的文献指出，维持月经正常的体脂率至少为17％，维持女性繁殖能力的体脂率至少为22％。当然，这里面存在一个东西方人种差异性的问题，这个数值不一定适用于中国女性，但也大概可以说明问题了。

相比男性动不动低于10％的体脂率，女性的体脂率比男性高出10％，因为脂肪是用来产生和储存雌激素的。女性自身的生理构造、内分泌系统决定了其体脂率必须在9％～12％，而男性的体脂率在2％～4％。

女性的体脂水平过低会出现很多健康问题。月经不规律就是其中一个最大的问题——不论是节食还是过量运动，短时间内迅速地改变人体的热量都有可能导致暂时性的闭经，这是一种天然的生理保护机制，机体在察觉到热量的短缺和营养的摄入不足后断定，如果此时进行受孕行为一定会对母体和胎儿不利，所以自动关闭了这一功能。所以下次当女性不来月经的时候，除了怀孕，还有运动过量或者减脂过度的可能。

(2)体脂分布也不同。男人的美在于肌肉，而女人的美在于脂肪。女性脂肪最好能沉积在胸部和臀部，中间保留一个细腰，以便于能突出上面和下面丰满的地方。

因为女性的体脂率以及脂肪堆积分布明显不同，所以在运动健身减脂的方式、方法上与男性也存在较大不同。

(二)男女训练差异

1. 训练方式不同

简单总结就是：

(1)男人的要领为"大重量、低次数、高组数"；

(2)女人的要领为"低重量、高次数、高组数"；

(3)女人应该少做些高强度爆发力训练。

高强度爆发力训练有很多，如一次性怒举大重量、短距离冲刺等。女人的神经系统没有男人的有效率，所以就算女人有较佳的忍耐力，她们的爆发力也比男人的低。

因为肌肉纤维具有差别(前面说过的慢肌纤维)，所以在同一种强度的运动中，比起男人，女人更能忍受疲劳，可以做更多次的练习。另外，在组与组的训练之间，女性不需要那么多的休息时间，一方面是因为女性单次训练的强度或者重量不会太大，另一方面是因为女性忍耐疲劳的能力比较强。一般男性需要休息1分钟，女性可能只需要45秒就可以了。

2. 具体训练动作不同

男性健身主要是围绕力量训练来进行的,而女性相较于男性来说不需要发达的肌肉和分明的肌肉线条,所以女性的健身计划里不需要大重量的力量训练和非常细分的局部肌肉的训练。女性的健身计划应当围绕着胸、腹、背、手臂以及臀腿,以这些人体大肌肉群的训练为主。这些训练可以使女性的身材凹凸有致,更能体现女性线条的柔美。

因为女性在下肢力量上与男性差距较小,所以下肢的训练方法,无论是练腿的还是练臀的动作,男女几乎都是相似的。

但是女性的上肢力量却不到男性的一半,甚至更低(25%~35%),所以女性在训练上肢的动作上是有明显差异的。具体说,就是背、上肢、胸。

第四章 体育健身与运动方法研究

第一节 常见的休闲体育健身

一、健身走与健身跑

(一)正确的健身走方法

很多人通常以溜达方式去健身,其实这种方式既无质量又无健身效果。健身走要挺胸抬头,摆臂幅度要大,用脚趾发力,让全身的肌肉参与运动,产生把人弹起来的感觉。健身走一定要坚持有规律地走,尤其是要做到三个固定:运动时间固定、运动量固定和步频固定。如果经常间断运动或频繁改变步行时间、步行强度和步行节奏,会大大降低健身效果。

基本姿势:身体挺拔向上,颈部肌肉放松,两臂自然地前后摆动。

呼吸:采取腹式呼吸方法,长出气,深吸气。

步幅:加大步幅,比平时的自然步幅多10~20厘米,让更多肌肉参与进来,才能起到有效的健身作用。

步速:快步走为120~140步/分钟,时速6千米。

时间和距离:要想达到有氧健身的目的,宜坚持每天走30~60分钟,距离3~6千米或4 000~8 000步。身体较好的争取达到每天1小时或1万步。

身体各部位自我控制的要点。

头:头部始终保持直立,头顶上方有一种被绳子牵引的感觉。

臂:摆臂幅度要大,前后直臂摆平。

腹:行走时始终保持紧缩收腹,用力向前迈腿。保持这种"绷腹"意识是最难的,也是最重要的。

臀:要把臀部和腿一起同时向前迈动。出脚时用力向下方蹬地。

脚：向前迈步出脚时，脚尖上翘足跟着地。身体重心要快速敏捷地从脚后跟转到整个脚底。迈步抬脚时，要让脚趾根部有意识地用力踩踏地面。

注意事项：行走时应选择空气良好、视野开阔、安全的场所。鞋要舒适合脚，柔软有弹性。快步走之后用中速走(90～100步/分钟)做整理运动。

(二)健身跑知识点

健身跑就是指以健身为目的的一种慢跑和快走的体育运动。它不受性别、年龄、体质强弱和场地条件的限制，可以因人而异。它也不同于竞技长跑运动。健身跑既是有氧代谢运动，又是对人体最佳的良性刺激，因此对人体健康是非常有益的。健身跑的要求是：长、慢、远，即时间要长，跑的速度要慢，跑的距离要远。现今我国很多学校的体育课，打破过去中长跑教学的模式，以有利于提高学生的健康水平为目的，从有利于培养学生终身体育的形成为出发点，由竞技中长跑教学改为健身跑教学，并解除了学生对中长跑的畏惧感和反感，受到师生的欢迎。

心血管功能可以靠良性刺激来改善和提高，健身跑就是对人体进行良性刺激的体育运动项目。第一，它是有氧代谢运动；第二，健身跑运动时的心率始终控制在120～160次/分钟，研究表明，这一锻炼强度能有效刺激心脏。关于锻炼强度的经验法则是：最高可能心率＝220－你的年龄；能从有氧锻炼中得到收益的心率＝60%的最高可能心率。健身跑的特点是：跑的速度慢，跑的距离长，不超过心脏的承受力，不易出现心脏的异常生理反应，更不会对心脏有损伤。经常性参加健身跑的人，每分钟脉搏的跳动(特别是晨脉)可下降到60～66次(一般人是72～84次)。

健身跑的呼吸方法要自然而有节律，最好用鼻子和半张开嘴吸气，有利于对空气加温和加湿，同时，鼻毛和分泌物可以把灰尘和细菌挡住，对呼吸道起到一定的保护作用，呼气时用嘴。健身跑呼吸的特点，用通俗的语言来讲就是不急促，途中能正常地说出话来。健身跑的呼吸要与跑步的节奏相吻合，一般采用二步一呼、二步一吸或三步一呼、三步一吸的呼吸方式。

二、游泳健身

(一)游泳健身的益处

1. 能够防暑降温

酷暑天气，选择室内游泳池游泳，可以起到防暑降温的作用，因为人体在水里散发热量的速度比在空气中快将近 20 倍，因此，人体在水里产生的热量远远小于散发到外面的热量，起到了很好的降温效果，是防暑最佳选择之一。

提醒：建议把时间尽量控制在两个小时以内，浸泡时间过长会导致体温调节功能受到破坏，对身体反而不利。

2. 有助于减肥

由于人体在水里散热快，而且游泳需要全身运动，手脚、头部一起运动拍打水面，加之水的阻力也大，人在水里消耗的体能也比较多，对于想减肥的人群来说，游泳是一个很好很有效的方法。

提示：在游泳前建议吃一片面包以补充能量，游泳减肥相当耗体力。

3. 有助于提高肺活量

游泳的时候可以适当选择潜泳或者蛙泳，或者慢慢地深吸一口气，使肺部充满空气，然后屏住呼吸慢慢地潜到水里面，再慢慢地把气吐出来，直到全部吐出来为止。这样长期训练，可以慢慢地改善心肺功能，提高肺活量。

提示：做该潜水运动时，建议旁边有人拉着自己的手，让他在你憋气完毕之后，可以立刻拉你起来，以免水阻力过大，导致自己反应不过来而被水呛到。

4. 有助于保持完美身材

由于人在游泳的时候，需要克服水的各种阻力，消耗体能，所以能够将脂肪有效燃烧转换为肌肉，而这恰恰不同于在陆地上的运动健美。游泳可以减小对骨骼的各种冲击性，而通过克服水的阻力，也可以让人的整体肌肉更加匀称，呈曲线美。

5. 有助于增强抵抗力

由于人体在水里散热快，身体为了调整温度，需要不断地补充能量，以增加对外界温度变化的适应能力，从而起到抵御寒冷的作用。因此，长期游泳的人，自身抵抗力也在慢慢增强。

提示：如果适当选择冬泳，还能调节人体的内分泌，提高御寒能力，增强抵抗力。

6. 有助于预防脊椎病

游泳时适当选择仰泳，可以让整个人平卧在水面上，加上水浮力的依托，人的脊椎此时不需支撑整个身体的重量。在无压力状态下，脊椎能够很好地恢复到原位，长期下去，可以有效预防脊椎病。

提示：仰泳最适合一些脊椎病患者，有助于康复。

7. 有助于释放压力

由于长时间的工作，人的身心处于疲劳状态，加上生活、工作上的种种压力，适当选择游泳，可以使人处于一种放松的状态，全身的机能都能得到有效释放，从而在精神上得到一定的解脱，提高工作效率。

8. 有助于预防肩周炎

由于工作的原因，很多年轻人总是坐在办公室，并且吹着空调、对着电脑、握着鼠标，长期下来难免会得肩周炎；其实，白领工作者在夏天可以选择游泳作为一种运动方式，因为在游泳划水的过程中，可以让头部、肩部得到一个很好的舒展与协调，加之水力的冲击按摩，可以很好地预防肩周炎。

9. 有助于皮肤更光滑、有弹性

在游泳过程中，人体的皮肤受到了水的各种阻力。这种阻力对皮肤进行了有效的全身按摩，使其更具有弹性；同时，游泳运动不同于陆地运动，可以有效减少汗水中盐分对皮肤的刺激。

10. 有助于少年儿童长高

游泳分自由泳、蛙泳、仰泳、蝶泳、潜泳等，无论哪种方式，都需要全身（包括手脚）的运动与协调。游泳可以促进关节与韧带的有效舒展，对于处在成长期的少年儿童来说，有助于其长高。

提示：少年儿童必须在成人的陪伴下游泳，而且建议在浅水区游泳。

（二）游泳练习方法

1. 基本佩戴

（1）泳帽（图4-1）。游泳时应戴泳帽，以防水质不好影响发质，长发女性戴泳帽还可以防止头发散乱，初学者戴上颜色鲜艳的泳帽还便于救生员发现目标。

（2）泳镜（图4-2）。泳镜是游泳训练必备的辅助器材，在游泳教学中使用的频率极高。它由高强度塑料或硅胶制成，种类繁多，可根据自己的脸型和眼眶的形状来选购。佩戴泳镜可以有效避免游泳者眼睛与水的直接接触，从而减少传染眼部疾病的危险。由于佩戴后可以在水中更清楚地看到水下的情况以及自己的动作，能够减少危险事故的发生，在游泳运动过程中具有很好的辅助作用。现在还有可以防紫外线的产品，以及专为近视（或远视）游

图4-1 泳帽

泳者准备的近视(或远视)产品可供选择。

图 4-2　泳镜

(3)耳塞、鼻夹(图 4-3)。为了防止游泳过程中鼻孔和耳孔进水,可以使用鼻夹和耳塞。但不宜过多使用,以免影响体会正确的游泳呼吸动作。

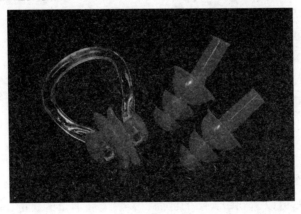

图 4-3　鼻夹和耳塞

(4)泳衣(图 4-4)。泳衣也是游泳时的必需品。穿上后不仅能够减小水的阻力还能保护皮肤,在选择泳衣时,应该选择款式合身,面料光滑,较厚且弹性较好的。

(5)游泳圈(图 4-5)。游泳圈多为初学者熟悉水性时使用,采用的是防漏气安全阀以及防破损多气囊结构。购买时应该选择符合卫生标准或医疗器械标准的材料,以免发生意外。

(6)浮板(图 4-6)。浮板是在学习和练习游泳的过程中最常见的辅助道具之一,对提高游泳水平作用非常大。针对不同的训练侧重点,浮板有不同的使用方法,既可以供练习腿部运动用,也可夹在双腿间供划臂运动用。其规格多样,一般厚度为 3～5 厘米,分为大、小两种,基本形态分为长方形、三角形与不规则形三种,多由体积轻巧、不吸水的材料制成。

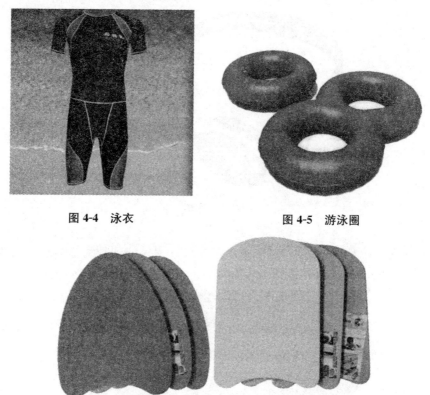

图 4-4　泳衣　　　　　　　图 4-5　游泳圈

图 4-6　浮板

（7）划水掌（图 4-7）。划水掌是游泳运动水上训练的辅助器材之一。在使用时，把它戴在手掌上，可以达到增大手的截面、发展上肢力量的目的。

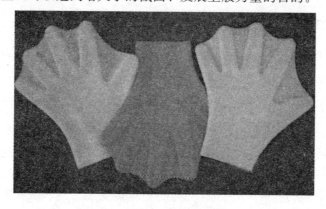

图 4-7　划水掌

(8)脚蹼(图 4-8)。脚蹼主要用于做上下鞭状打水的腿部练习,有助于发展腿部力量和踝关节的柔韧性。但在使用过程中,要注意控制运动负荷,以免造成踝关节损伤。

图 4-8　脚蹼

(9)浴巾和拖鞋(图 4-9)。浴巾和拖鞋是游泳者的必备用品。在游泳的间歇或者是在游泳结束后上岸,用毛巾擦干身体,披上浴巾,穿上拖鞋,既可以保暖,防止感冒,又比较卫生。在冬泳时,浴巾和拖鞋更是不可缺少的。

图 4-9　浴巾和拖鞋

2. 热身运动

在下水之前最好先在陆地上做一些徒手体操和肌肉、韧带的牵拉伸展运动,以提高神经系统的兴奋性,使心血管系统、呼吸系统得到预热,使体温升高,从而增强肌肉的活动能力。

由于水温一般比较低,下水游泳容易引起肌肉抽筋或拉伤等,经过充分热身可以避免这种情况的出现。游泳前的热身运动有:徒手操、压肩、压腿、关节绕环、陆上动作模仿等。

下水前用凉水撩身体，下水后，刚开始不要游得太快、太用力，可用舒缓伸展的动作做好准备。

(1)头部运动。两腿自然站立，头部先向前，再向后振动，然后再左右振动。接着由左向右绕圈，再由右向左绕圈(图4-10)。

(2)肩部运动。两腿并拢，身体直立，两臂在头顶并拢且尽量向上伸直(图4-11)。

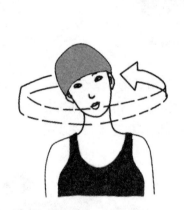

图 4-10　头部运动

图 4-11　肩部运动

(3)双臂大绕环运动。两脚自然站立，两臂伸直，同时向前大绕环，接着向后绕环(图 4-12)。

(4)拉伸腰部运动。身体直立，双脚分开与肩同宽，上体向左屈一次，使身体右侧腰腹部位充分受到拉伸。然后换成上体向右屈一次，使身体左侧腰腹部位充分受到拉伸(图 4-13)。

(5)腹背运动。两腿站立，两臂同时向下、向后振动，接着向下振动触地，臂向下时，身体随之成体前屈，两腿伸直(图 4-14)。

图 4-12　双臂大绕环运动

图 4-13　拉伸腰部运动　　　　图 4-14　腹背运动

（6）正压腿运动。右脚向正前方跨出一大步，成弓步，右膝关节弯曲，两手撑于右膝上。左腿向后伸直，身体向下振动做压腿动作。然后身体后传，左膝关节弯曲，右腿向后伸直，双手撑于左膝上，身体向下振动（图4-15）。

（7）侧压腿运动。右脚向横侧方跨出，右膝伸直，左膝弯曲，身体重心移向右侧，并向下振动。然后身体重心移向左侧，左膝伸直，右膝弯曲，身体向下振动，两手各放在同侧膝关节处（图4-16）。

 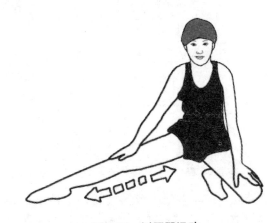

图 4-15　正压腿运动　　　　图 4-16　侧压腿运动

3. 出水后的注意事项

游泳结束上岸后，应及时用清水清洗眼、耳、鼻和口腔，冲洗身体，然后擦干,穿上衣服保暖,以防感冒。还应适当补充水分和营养。同时做一些放松整理活动,使身体恢复。

由于水中有杂质和细菌,游泳者易产生眼、耳疾病。游泳后要向眼中点氯霉素眼药水或金霉素眼药膏,切勿用脏手乱擦眼睛,以免挫伤结膜,或使细菌进入眼内。

游泳时如果有水进入耳内,切勿用手指挖耳,以免擦破耳道,导致污水感染,引起中耳炎。处理方法如下。

(1)单脚跳动法:头歪向耳朵进水的一侧,用手拉住耳垂,用同侧腿进行单脚跳。

(2)吸引法:头偏向有水的一侧,用手掌紧压同侧耳朵的耳孔外部,屏住呼吸,然后迅速拉开手掌,水就可吸出。

(3)也可用消毒的棉棒和柔软的吸水纸,轻轻地伸进外耳道把水吸出。

4. 水中闭气

扶池边或拉同伴的手,吸气后闭气,再慢慢下蹲,把头部浸入水中,可睁大眼睛,水中停留片刻后起立,在水面上换气(图4-17)。

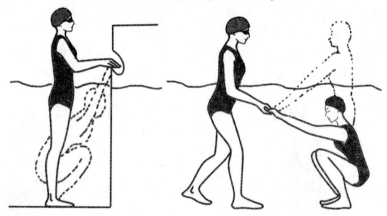

图 4-17 水中闭气

5. 连贯呼吸

站立水中,扶池边或扶大腿,上体略前倾,两腿略下蹲。水面上吸气后,低头将面部浸入水中,闭气片刻,抬头部呼气,当口露出水面时,不停顿地迅速将气吐尽,紧接着快速吸气。

6. 坐着打水

坐在泳池边沿,两手置于体后支撑身体,身体重心靠后,挺胸,两脚略向内旋,将脚踝和膝盖自然伸直,保持柔软有弹性,然后大腿带动小腿直腿打水。此时,脚尖要溅起水花。反复练习,如果水向脚尖前方流动,说明打水动作正确,效果好(图4-18)。

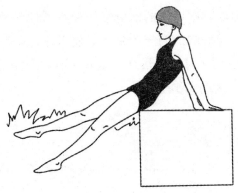

图4-18 坐着打水

三、球类运动健身

(一)篮球健身方法

1. 基本站立姿势

两脚前后或左右开立,与肩同宽。两腿弯曲,上体稍前倾,目平视,重心落在两脚之间(图4-19)。

图4-19 基本站立姿势

2. 起动

起动是队员在球场上由静止状态变为运动状态的一种动作,是获得位移初速度的方法。

动作要领:向前起动时用后脚的前脚掌短促有力地蹬地,重心前移,上体前倾,迅速向前迈步。起动后的前两三步要短促而迅速(图4-20)。向侧起动时用异侧脚的前脚掌用力蹬地,同时上体迅速向起动方向侧转并前倾,重心跟随移动,迅速向跑动方向迈步。步法同向前起动。

图 4-20　向前起动

3. 变向跑

变向跑是队员在跑动中突然改变方向的一种脚步动作。

动作要领:从右向左变向时,最后一步用右脚前脚掌内侧用力蹬地,同时脚尖稍加内扣,迅速屈膝降重心,腰部随之左转,上体向左前倾,移动重心,左脚向左前方跨出,加速前进(图4-21)。

图 4-21　变向跑

4. 侧身跑

侧身跑是跑动时为了观察场上情况并随时准备接侧后方传来的球而经常采用的跑动方法。

动作要领：脚尖和膝盖对着跑动方向，头和腰部向球的方向扭转，侧肩，上体和两臂放松，随时观察场上情况。

5. 急停

急停是队员在跑动中突然制动速度的一种动作方法，是衔接其他技术动作和摆脱对手的有效方法。急停包括跨步急停和跳步急停。

篮球急停分跳步急停和跨步急停。

（1）前者为停止运球时单脚或双脚起跳，双脚同时落地。此时除了投篮以外，还可以以任意脚作为中枢脚做转身跨步等动作。

（2）后者为停止运球时两脚分先后落下，此时只可以以先落地脚为中枢脚做动作。

6. 转身

转身时脚步移动要快，而且要稳住中枢脚，左转身时要稳住右脚；右转身时要稳住左脚，转身时要向后方跨步，不要向侧方跨步。移动脚步的同时，身体要协调好，上身稍向后倾，向哪边转身，身体就要迅速向哪边转动，而且转动幅度要大。转身时如果加上假动作，会事半功倍，比如准备转身时头突然虚向右摆，然后突然向左转身，很多防守者往往猝不及防。

（1）前转身：转身时移动脚向自己身前（中枢脚前的方向）跨出的同时，中枢脚碾地旋转使身体改变方向。动作要点：屈膝提踵，重心平稳。

（2）后转身：移动脚蹬地向自己身后（中枢脚后的方向）跨出的同时，中枢脚碾地旋转使身体改变方向。动作要点：两脚用力蹬碾地，重心平稳不起伏（图 4-22）。

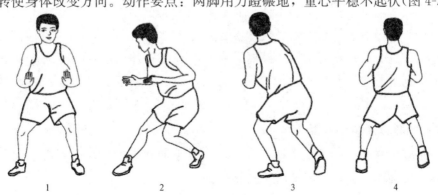

图 4-22 转身

7. 滑步

滑步是队员防守时移动的主要步法。滑步一般分为侧滑步和前后滑步。

(1)侧滑步：两脚左右开立，两臂张开。向左侧滑步时，右脚前脚掌内侧用力蹬地的同时，左脚向左跨出一步，右脚在左脚落地的同时紧随滑动，重心保持在两脚之间。向右侧滑步时动作相反。动作要点：蹬、跨、滑。

(2)前后滑步：前后滑步的动作方法和要点与侧滑步相仿，只是方向不同。

8. 双手胸前传球

动作要领：双手持球，两手指自然张开，球放于胸腹之间，两肘自然弯曲于体侧，身体成基本站立姿势，眼平视传球目标。传球时后脚蹬地发力，身体重心前移，两臂前伸，两手腕随之旋内，拇指用力下压，食指、中指用力拨球并将球传出。球出手后，两手略外翻（图 4-23）。

图 4-23 双手胸前传球

9. 单手肩上传球

动作要领：（以右手为例）双手胸前握球，两脚前后站立，左脚在前，左肩对传球方向，将球引至右肩，右手执球，肘关节外展，右手腕后仰，指根以上托球，掌心空出，重心落在右脚上。传球时，右脚蹬地，转体，前臂迅速向前挥摆，手腕前屈，通过拇指、食指、中指拨球，将球传出。球出手后身体重心随之移到左脚上（图 4-24）。

10. 原地双手胸前投篮

原地双手胸前投篮虽然出球点较低，但出手前稳定性好，出手力量大，便于与传球、突破相结合，多用于远距离投篮。

动作方法：双手持球基本同双手胸前传球。两肘自然下垂，将球置于胸前，

图 4-24　单手肩上传球

目视瞄准点。两脚前后或左右开立，两膝微曲，重心落在两脚之间。

投篮时，两脚蹬地，腰腹伸展，两臂向前上方伸出，两手腕同时外翻，拇指稍用力压球，食指、中指拨球，使球从拇指、食指、中指指端飞出。球出手后，脚跟提起，身体随投篮出手方向自然伸展。

动作关键：投篮时，蹬伸踝、膝、髋，双手用力均匀，手腕外翻，手指拨球（图 4-25）。

图 4-25　原地双手胸前投篮

11. 原地单手肩上投篮

（以右手为例）右手五指自然分开（手心空出），指根以上部位触球，向后屈腕、屈肘，持球于肩上耳部左右，肘内收，前臂与地面接近垂直，左手扶球的左侧，右脚稍前，左脚稍后，重心放在两脚之间，两膝微屈，目视投篮目标。投篮时,两脚前脚掌用力蹬地,伸展腰腹,抬肘,手臂上伸,即将伸直时,手腕用力前屈,手指拨球,球最后以中指和食指的指端投出。球出手后,腿、腰、臂自然伸直(图4-26)。

图4-26 原地单手肩上投篮

(二)足球健身方法

足球对促进身心发展的价值主要有以下几个方面。

(1)能全面发展人的身体素质,提高人体各器官系统的功能、增强人的体质。足球运动是全面锻炼和健全体魄的良好手段,是全民健身活动中一项行之有效的体育运动项目。经常从事足球运动,可以提高人们的力量、速度、灵敏、耐力、柔韧等身体素质,并能使人的高级神经活动得到改善,尤其能增强人体的心血管系统、呼吸系统等内脏器官的功能,从而促进人体的健康。

(2)能改善人的心理素质。通过参加足球运动比赛,能提高人的注意力、观察力、想象力和思维能力,改善人的心理素质,提高人的心理健康水平。

(3)能培养人的优良品质。经常从事足球运动,不仅对自身良好性格的形成能产生巨大的影响,而且可以培养人的意志、自制力、责任感及勇敢顽强、机智果断、坚韧不拔、勇于克服困难、团结协作、密切配合、集体荣誉感、守纪律等思想品质。

1. 颠球技巧

颠球是球员通过身体各种合理部位的触及,建立起对球的敏感性,进而熟练掌握球的性能及规律。有了球感,才能进一步掌握足球的高难动作。因此,颠球对球员来说,应是需要坚持进行的一项练习。

动作要领：颠球时，支撑脚的膝关节微屈，身体重心落在支撑脚上；颠球脚的脚尖微翘，小腿轻轻甩动，轮流用双脚脚背部位触球的下中部，将球向上击起（图4-27）。

2. 挑球技巧

动作要领：球员用脚背部位插入球底部，将球向上挑起。

练习方法：交替用左右脚的前脚掌轻放在球的顶部，将球拉向身体；再用前脚掌伸向滚动球的底部，准时挑起（图4-28）。

3. 拉球技巧

动作要领：将前脚掌放在球上部，另一脚作为支撑脚立于球后方，触球脚向后用力将球拉回。

练习方法：交替用左右脚的前脚掌把球拖回来，再换用左右脚的脚背正面将球往前推。练习中，维持身体平衡，重心稍下降，身体稍前倾。先在原地进行练习，接着在活动中练习（图4-29）。

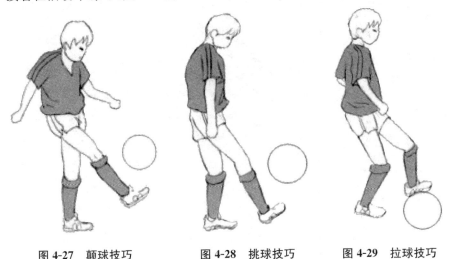

图4-27 颠球技巧　　　图4-28 挑球技巧　　　图4-29 拉球技巧

4. 扣球技巧

动作要领：用脚背内侧或脚背外侧突然用力触球，达到转身或急停的目的。

练习方法：支撑脚微屈，用另一脚的脚背内侧轻扣球的前中上部。在原地练习的基础上，结合脚背正面做慢速运球练习（图4-30）。

5. 拨球技巧

动作要领：用脚背内侧或脚背外侧触球，将球推向身体的侧方。

练习方法：原地用脚背内侧、脚背外侧连续做拨球练习；熟练后，在慢速运球中进行练习(图 4-31)。

图 4-30　扣球技巧

图 4-31　拨球技巧

6. 脚内侧踢球技巧

动作要领：采用直线助跑，跨步支撑时步幅稍大，同时眼睛要看球。脚落地时足尖应与出球方向一致，距球 10~12 厘米，膝关节微屈，两臂自然张开，维持好身体平衡。踢球腿以髋关节为轴由后向前摆动，在前摆过程中髋关节外展，脚尖翘起，脚底与地面成平行，踝关节紧张，脚内侧与出球方向约成 90°，大腿带动小腿快速摆动，以脚内侧部位击球的后中部(图 4-32)。

图 4-32　脚内侧踢球技巧

7. 脚背正面踢球技巧

动作要领：直线助跑，支撑脚踏在球的后沿侧方 10～15 厘米处，脚尖正对出球的方向，膝关节微屈。踢球腿在跨步支撑的同时，大腿后引，小腿尽力后屈。以髋关节为轴，大腿带动小腿由后向前摆动。当膝关节摆至球的正上方时，小腿加速摆动，脚背绷直，脚趾扣紧，以脚背正面击球的中后部。击球后，踢球腿应继续前摆（图 4-33）。

图 4-33　脚背正面踢球技巧

8. 脚背外侧运球技巧

动作方法：与脚背正面运球动作相似，当运球脚提起时，膝关节弯曲，脚尖稍内转并下指，在迈步前伸着地前用脚背外侧推拨球。

脚背外侧可以做直线、弧线和变向运球，易于掌握运球方向，发挥人的奔跑速度、灵活性和柔韧性（图 4-34）。

(三) 乒乓球基本技术

1. 握拍法

(1) 快攻型直握拍法要点提示。

拍前：以食指第二指节和拇指第一指节扣拍。拇指与食指间隔 1 厘米左右。

健康中国与全民健身的融合发展研究

图 4-34　脚背外侧运球技巧

拍后：其他三指自然弯曲，中指第一指贴于拍背面 1/3 上端，使球拍保持平稳。

（2）弧圈球型直握拍法要点提示。

拍前：拇指紧贴在拍柄的左侧，食指扣住拍柄，形成一个小环状。

拍后：其他三指自然伸直，中指第一指节顶住球拍的背面（图 4-35）。

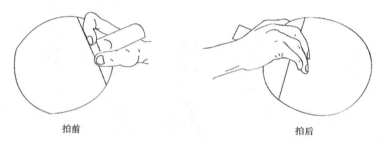

图 4-35　握拍法

2. 基本姿势

乒乓球运动员的基本姿势应该是：两脚平行开立，略比肩宽，微提踵，脚前掌内侧用力着地，两膝稍屈，上体略前倾，略收腹含胸，头颈部平稳自然，两眼注视来球。两肩放松，上臂自然下垂，执拍手的前臂自然弯曲置于身体右侧，肘稍内收，腕自然放松。

一个较好的基本姿势应该是紧凑的，各关节富有弹性。

3. 基本站位

根据不同类型的打法，乒乓球运动员的站位略有区别，直拍攻击型打法运动员的基本站位在近台中线偏左的位置，左脚稍前。两面攻打法运动员的基本站位在近台中间。削攻结合打法运动员的基本站位在中间靠中台附近（图 4-36）。

图 4-36 站位

4. 发球

特点：球速急、落点长、冲力大，发至对方右大角或中左位置，对对方威胁较大。

要点：①抛球不宜太高；②提高击球瞬间的挥拍速度；③第一落点要靠近本方台面的端线；④击球点与网同高或稍低于网(图 4-37)。

5. 接发球

乒乓球比赛首先从发球和接发球开始。良好的接发球技术，不仅可以直接得分，还可以破坏和限制对方的抢攻，为自己人进攻创造有利条件；反之，在比赛中就会造成被动，导致心理上的紧张和畏惧，引起失误。

图 4-37 发球

接发球的手段很多,既可以用搓、推、摆短等方法对付,也可以用点、拨、拉等方法抢攻。

(1)接正手、反手急球。因来球速度快、弧线低、落点远、冲力大、带上旋,左方大角度急球往往来不及侧身回击,故一般宜用反手推挡或反手快攻回击;右方急球可用正手快带、快攻回击。

(2)接短球。因这种球多在台内,回击时,球拍往往受台面阻碍,动作不能大,所以要充分运用前臂和手腕的力量,根据来球的旋转方向和强度,调整好拍面角度和用力方向,采用搓、推或攻、拉。

(3)接正手发左侧上(下)旋球。接正手发左侧上旋球,一般采用推、攻回击,回接时,拍面要稍前倾,并适当向左偏斜;同时,增加向前下方的用力,以防止来球触拍时向右上方反弹。

接正手发左侧下旋球,一般采用搓、削回击,回接时,拍面要稍后仰,并适当向左偏斜,适当增加向前的用力,以防止来球触拍后向左下方反弹。如用推或攻回接,应使用拍面稍后仰,并向左偏斜,适当增加向上摩擦球的力量。

6. 挡球和推挡球

乒乓球的推挡技术一般专指直握球拍,因为横握球拍时的推挡不大使用,一般可以直接反手加力进攻。这里就讲一下直握球拍的推挡技术。

(1)食指和大拇指将拍柄夹住,中指内侧顶住球拍背面,这是直握球拍的基本动作,推挡时食指将球拍向自己怀中方向用力,同时大拇指将球拍向外推,转动手腕,当然球拍背面要横向平行于自己的前胸。

(2)在推挡击球的过程中,食指越用力,球拍就越向下压,这就需要根据球落台后弹起的高度调整,手腕固定后不得在击球的瞬间用力,大臂也不要用力,利用小臂的伸缩将球送出。

(3)在练习中,要求用食指和中指将球拍夹住,大拇指轻轻搭在拍柄上。当然在实战中,因为落点和力度的变化,拇指用力压球可以加快球的速度(图4-38)。

图 4-38 挡球

7. 攻球

正手攻球是乒乓球攻球技术中的重要组成部分，具有快速有力的特点，能体现积极主动、快速进攻的指导思想。

比赛时，正手攻球运用得好，能使自己争取到主动，使对方陷于被动。

动作方法：身体离台约 50 厘米，上升期击球，击球中上部，拍面前倾，在上臂带动下以前臂发力为主。配合手腕内旋，向前上方挥拍（图 4-39）。

图 4-39 攻球

(四) 羽毛球基本技术

1. 握拍法

羽毛球拍握法正确与否，对于掌握和提高羽毛球技术水平，有着重要的影响。羽毛球技术中的握拍和指法是多种多样的，但是基本的握拍法有两种，即正手握拍法和反手握拍法。

正手握拍是虎口对着拍柄窄面的小棱边，拇指和食指贴在拍柄的两个宽面上，食指和中指稍分开，中指、无名指和小指并拢握住拍柄，掌心不要紧贴，拍柄端与近腕部的小鱼际肌平，拍面基本与地面垂直（图 4-40）。

在正手握拍的基础上，拇指和食指将拍柄稍向外转，拇指顶点在拍柄内侧的宽面上或内侧棱上，中指、无名指和小指并拢握住拍柄，柄端靠近小指根部，使掌心留有空隙，球拍斜侧向身体左侧，拍面稍后仰，此为反手握拍（图 4-41）。

握拍的灵活性：根据对方来球的不同角度和为了控制准确的落点，握拍的方法也随时会有细微的改变。例如：搓球、杀球、勾对角球。

图 4-40 正手握拍　　　　图 4-41 反手握拍

2. 起动

对来球一定要有准确的判断。从个人中心位置上准备接球姿势转为向击球位置出发，称为起动。一场比赛要起动几百次（基本上是每回击一拍起动一次）。要做到起动快，必须反应敏捷、判断准确和起动的准备姿势正确。准备姿势可分为两种,一种是接发球姿势(必须按规则要求原地站立):左脚在前,右脚在后,侧身对网,重心在前脚,右脚跟离地,双膝微屈,收腹含胸,放松,提拍屈肘举在胸前,两眼注视对方发球动作;另一种是双方双打过程中的准备姿势:一般右脚在前,左脚在后,前脚掌着地,脚跟提起,膝关节微屈,上体稍前倾,重心落在两脚之间,持拍于腹前,整个姿势要协调放松,保持一触即发的起动姿势。

3. 移动

移动主要指从中心位置起动后到击球位置的移动方法。移动的基本步法有垫步、交叉步、小碎步、并步、蹬转步、蹬跨步和腾跳步等。运用这些方法,构成了从中心位置到场区不同位置击球的组合步法——后退步法、两侧移动步法和上网步法。自中心位置到击球点的步数,一般用一步、两步或三步,这必须根据当时球距身体的远近来决定。影响移动速度的因素有步数的多少、步频的快慢和步幅的大小。下面将各种移动的基本步法介绍给大家,希望大家能灵活运用。

(1)垫步:当右(左)脚向前(后)迈出一步后,后脚跟进,紧接着以同一脚向同一方向再迈一步,为垫步。垫步一般用来调整步距。

(2)交叉步:左右脚交替向前、向侧或向后移动为交叉步。另一脚在前面的为前交叉步,而另一脚在后面的为后交叉步。交叉步一般在打后场球时使用。

(3)小碎步:以小的交叉步移动的称为小碎步。由于步幅小、步频快,一般在起动或回动时使用。

(4)并步:右脚向前(或向后)移动一步时,左脚即刻向右脚跟并一步,紧接着右脚再向前(向后)移动一步,称为并步。

(5)蹬转步:以一脚为轴,另一脚做向后或向前蹬转迈步,称为蹬转步。

(6)蹬跨步:在移动的最后一步,左脚用力向后蹬的同时,右脚向来球的方向跨出一大步,称为蹬跨步。它多用于上网击球,在后场底线两角移动抽球时也常采用。

(7)腾跳步:起跳腾空击球的步法为腾跳步。它可分为两种:一种是上网扑球或向两侧移动突击杀球时,以领先的脚(或双脚)起跳,做扑球或突击杀球;另一种是对方击来高远球时,用右脚(或双脚)起跳到最高点时杀球。

4. 到位配合击球

移动本身不是目的,它是为击球服务的,所谓"步法到传",即指根据不同的击球方式,运动员应站到最适合这种击球的最有利的位置上,如果没有占据最理想的位置,最后(击球前)还需要做小步调整,使击球动作能协调发力。

5. 回动(回中心位置)

击球后,应尽力保持(或尽快恢复)身体平衡,并立刻向中心位置移动,以便在中心位置上做好迎击下一个来球的准备,称为回动。初学者往往缺乏"回中心"的意识,哪里打完球就停在哪里,这是必须改正的。当然,运动员随着比赛经验的积累。逐渐体会到并非千篇一律地每击一次球都必须回中心,而应根据比赛当时的实际情况,根据双方技战术的特点,选择最有利回击对方来球的回动路线和回动位置。

6. 发球

发球的基本姿势:按发球时的基本姿势不同,发球可分为正手发球和反手发球两种。

(1)正手发球。单打时,一般站在发球区内离前发球线 1 米左右的中线附近。双打时可站前一些。姿势:左脚在前(脚尖对网),右脚在后(脚尖斜向侧方),两脚距离与肩同宽,上身自然伸直,身体重心放在右脚上,成左肩斜对球网之势。右手握拍向右后侧举起,肘部稍屈。左手用拇指、食指、中指夹持羽毛球的中间部位,并把其举在身前。两眼注视对方准备接球的动向。正手发球时,可以发任何一种飞行弧线的球,在单打或双打中都普遍采用(图 4-42)。

图 4-42 正手发球

(2)反手发球。站在发球区内较靠近前发球线的位置上。姿势：右脚在前，左脚在后，上身自然伸直，重心放在右脚上，右脚尖面对球网。左手以拇指、食指和中指捏住羽毛球置于腹前腰下。右手反手握拍，肘部略抬起使拍框下垂于左腰侧，两眼注视对方准备接球的动向。反手发球主要靠挥动前臂和伸腕闪动发力，动作小，力量也较小，但速度较快，动作一致性好。可以发除高远球之外的其他各种飞行弧线的球，主要用于双打比赛中(图4-43)。

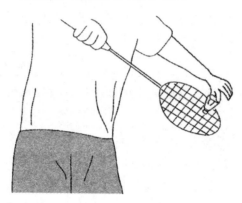

图4-43 反手发球

7. 高远球

动作方法：

(1)提举引拍：持拍手臂放于身体一侧，由下肢开始，向后转体侧身，同时将球拍从身体的中下侧向持拍手臂一侧的肩膀后上方举起，身体与大臂、大臂与小臂成直角(或略小于直角)。拍面尽量与球网平行。虚握球拍，举起球拍准备击球。

(2)蹬转体引拍：持拍一侧从脚下发力，向前进行蹬转，带动身体同时前转，肩部带动大臂快速向前摆动，肘部尽量向上并靠近头的侧部，小臂和球拍向后放松自然下垂。半虚握球拍，集中身体力量。

(3)引拍发力：小臂发力，向肩膀上方快速挥出，在肩膀的正上方停住，小臂内旋同时完全握紧球拍，击球(图4-44)。

图4-44 高远球

第二节 民族传统体育健身与运动方法研究

一、武术健身

(一)武术套路分类与简介

1. 拳术

拳术是中国武术中徒手技法的总称,也简称拳。古时有技击、手搏、使拳、拳法、白打等称谓。中国历史上出过众多拳术名家,其中近代标志性代表人物是李小龙,他生于1940年11月,卒于1973年7月,原名李振藩,乳名细凤,为美籍华人,祖籍是中国广东省佛山市顺德区均安镇。他是一位武术技击家、武术哲学家、全球范围内具有影响力的著名华人武打电影演员、世界武道改革先驱者、UFC起源者、MMA之父、截拳道的创立人。他对当今武术的国际化传播有着重要的影响。

(1)拳术的历史源流。

原始人类为了免受野兽侵袭和获取生活资料,采用拳打、脚踢、指抓、跳跃、翻滚等动作,这是最原始的拳术的萌芽。最早出现的"拳"字为《诗经》中的"无拳无勇,职为乱阶"。商周时代的拳术多称为"手搏"。春秋战国时称"技击",齐国为了选择武勇人才充实到军队,每年春秋两季举行全国性的"角试"。汉代出现了观赏性和健身性的象形舞,如"沐猴舞""醉舞"和"五禽戏"等,这些都属于早期象形拳术。在宋代,拳术套路盛行。明清时代是武术大发展时期,拳种林立,还出现了许多武术研究家和拳法论著,如戚继光的《纪效新书》、王宗岳的《太极拳经》、黄百家的《内家拳谱》等。

在长期社会实践中,受不同因素的影响,形成了许多拳种流派,其运动风格和特点各异:如长拳姿势舒展,动作快速;太极拳舒展柔和,轻灵圆活;八卦掌式连绵,身灵步活;形意拳动作简练,发力较刚;南拳步稳势烈,刚劲有力;通背拳放长击远,发力顺达;劈挂拳大开密合,长击冷抽。象形拳是模拟各种动物的特长和形态,以及表现某些古代人物的搏斗形象和生活形象的拳术,又分象形、取意两种。取意是以动物的搏击特长来充实技击动作的内容。虽然不同拳种特点不同,但套路都是由手型、步型、手法、步法、腿法以及数量不等的跳跃、平衡、跌扑、滚翻等动作与技术组成。

(2)拳术的主要内容和分类。

明代有所谓"外家""内家"之说,简单地把拳术分为外家拳和内家拳。外家主要讲究搏人(攻击),内家主要讲究御敌(防守)。晚清时,有人把与内家拳近似的太极拳、形意拳、八卦掌也称为内家拳。还有把拳术按地域分为南派和北派的。南派是指流行于长江流域以南地区的拳术,其特点是架式小,动作较紧凑,练习时活动范围不大。北派是指流行于黄河流域及其以北地区的拳术,其特点是架式大,动作舒展,练习时活动范围大。此外还有按姓氏分类的,依拳术技术特点分类的。

现代较为流行的分类方法是把拳术分为以下五类:①内家拳类。包括内家拳、太极拳、形意拳、八卦掌等。②长拳类。包括少林拳、查拳、华拳、三皇炮捶、通背拳、翻子拳、拦手拳、戳脚、六合拳等,以及中华人民共和国成立后根据查、华、炮、洪等拳术特点综合整理的适应普及的初中级套路,适应竞赛的规定套路和自选套路。③南拳。中国南方各省流行的拳术。④短拳。又称短打,一种较为古老的拳种。⑤象形拳。包括猴拳、蛇拳、鹰爪拳、螳螂拳、醉拳等。

2. 剑术

(1)剑的起源及社会象征。

人类自从铜器时代起开始使用带刃的武器。早在公元前2世纪,人类就可以制造类似于匕首的武器。在铜器时代,由于无法突破铜的抗张强度,超过90厘米的剑是几乎无法见到的。人们需要找到一种比铜更硬的金属才能造出更长的剑。剑柄最开始只是一个简单的把手,防止使用者被剑刃割伤。

欧洲地区的地中海、黑海以及西亚地区的剑是典型的柳叶刃,北欧地区的剑则是螺旋形的。

中国在商代开始有制剑的史料记载,在考古上也发现了青铜剑遗物,当时通常是作为长兵器之下的辅助武器,但在吴、越等河川较多的地区则因水战较多而将剑作为主要武器,春秋时代的名剑也因此大多出于这些地区。剑在古时,是作战的武器,有剑锋和两刃,使用起来逢坚避刃,不硬撞强击,练起来"剑如游龙",带有几分文气,其用法有刺、劈、挂、点、崩、云、抹、穿、压等,在剑法的基础上配以剑指,加以各种步法、步型、跳跃、平衡、旋转等动作,构成了剑术的套路。

剑是中华武术的重要组成部分,在中国传统武术中有着很高的地位,为兵器之神,有君子之风。自古行侠者佩剑而行,文雅高尚者佩剑,将军统帅佩剑,由此可见剑是武术文化的精髓,是衡量功夫境界高深的尺码。春秋后期剑术开始出现，斗剑之风盛行，史籍中也开始出现关于剑术家的记载。《吴越春秋》卷九和《庄子·说剑篇》都记述了古代击剑的技术和战术。《汉书·艺文志》载有《剑道》三十八篇，是论述汉以前击剑技术的专著。

汉朝时，由于作战的需要，骑马兴起，于是，由更为锐利的环柄刀代替了剑，使得剑在古代战场上的作用价值大大下降。到了东汉末年，环柄刀几乎完全取代了剑，成为军中主要的短兵器。剑在战场上地位的下降反而使击剑的风气在社会上风行起来，人人喜欢击剑、喜欢佩带宝剑，每个人的剑术都有了很大的提高。唐代，持剑舞蹈成为一种社会风气，友人宴饮时也舞剑助兴。著名诗人杜甫在《观公孙大娘弟子舞剑器行》一诗中这样赞扬舞剑绝技："昔有佳人公孙氏，一舞剑器动四方。"公孙大娘的剑舞因为是舞蹈，所以需要高度的艺术化加工，与武艺完全不同，就是剑术也与实际的作战技术有较大的不同，这与后来紧紧扣住攻防格斗为主题发展起来的剑术套路有明显的区别。明朝的著名将领戚继光在《武备志》中也记载了剑的用法：跨左击、跨右击、翼左击、逆鳞刺、坦腹刺、双明刺、旋风格、御车格、风头洗等。

(2)剑法特点与剑术的分类。

剑的特点是轻快、灵活、多变、劲道、刚柔相济，不像刀那样凶猛、粗犷，故有"剑走轻灵刀走黑"之说。

剑有一尖二刃，即剑尖、左剑刃、右剑刃。练剑时首先要明确这一尖二刃的概念，才能使剑法充分体现出来，否则易把练剑和练刀混淆起来。剑的作用主要体现在剑尖上，俗话说"扁为扎，立为刺"，故练剑时应把意识集中于剑尖上。要练好剑，除了要求身法十分灵活外，劲力的应用也非常重要，要有刚有柔，刚柔相济。这就要用手腕劲力的合理应用来实现。俗话说："剑法甩腕第一劲。"练剑时，腕劲须刚而不能僵，柔而不能松，掌握好甩腕的技术，使劲力透达剑尖。这样才能运用自如，把剑法充分地表现出来。

剑术发展到今天已经变得名目繁多，形式不一。仅单剑可分为短穗剑、长穗剑；从剑路体势而言可分为工架剑、行剑、绵剑、醉剑和双手剑等。各种剑术风格不同。工架剑，形健骨道，端庄势整，一招一式，端端式式；行剑，流畅无滞，挥霍潇洒，忽往复收，行多停少；绵剑，柔和蕴藉，缓缓不断（如太极剑）；醉剑，恣意挥舞，乍徐还疾，形如醉酒，似醉非醉；双手剑，双手持剑，劈、砍、挎、挂，身法矫健，丰采多姿。剑术的套路种类很多，有自选剑术、青萍剑、武当剑、三才剑、三合剑、云龙剑、八卦剑、太极剑、螳螂剑、通臂剑、醉剑、宣化剑、七十三剑、龙形剑、奇门十三剑、白虹剑、纯阳剑、七星剑等。

3. 刀术

刀的历史可追溯到很远很远。相传"黄帝采首山之金，始铸为刀"，据考古学者对出土的石器测定，确认在原始社会的旧石器时期，我们的祖先就已经知道制作和使用石刀了。夏代铸铜工艺已有一定的规模和水平，那时铸造的青铜刀大都是仿照石刀、骨刀等制成。如青海互助土族自治县总寨出土的骨柄铜刀，双面开刃，成片状，一端还镶在兽骨制的柄内。夏代铜刀虽未脱离石刀、骨刀等形状，但与原始社会时期的石刀、陶刀、骨刀、蚌刀等相比，质地硬、刃部锋利。这些刀除了为生活用刀之外，还有可能用于狩猎及战斗。此时的刀，短的不及 20 厘米，可佩系身上用于自卫；长的可绑在木柄上用作大型战刀。

同时，由于击打格斗技术提高，需要有防守性能强的器械。对于此，就当时而言，只有刀才合适。汉代，尤其是帝王公卿中，形成了一种由以往平时佩剑改为佩刀的风气。汉代制刀技艺高超，先后创造出三十炼、五十炼乃至"百炼"的钢刀。1974 年山东苍山县出土的东汉永初六年（公元 112 年）创造的钢刀，经北京钢铁学院测定，证明它是由含碳 0.6%～0.7%的炒钢反复叠折锻打而成。这种刀放在 100 倍显微镜下观察，能看出它有 30 层左右。三国时期战争频繁，刀仍是作战的主要武器之一，制刀技术也更为精湛。明朝是武术大发展、大繁荣的时期，这一时期出现了很多武术专著，如《纪效新书》《武备志》等。而民族英雄戚继光，为了打败入侵的倭寇，创造出战斗力极强的"辛酉刀法"，名噪一时。清代的刀和刀法较各代复杂和丰富，军队中士兵多以大刀、长刀、单刀为训练武器，习练刀术者更为广泛，各阶层皆有之。鸦片战争后，人民反帝、反清的斗争风起云涌，涌现了很多善刀的起义将领和英雄。

古代的刀术朴实无华，多从实战出发，具有非常强的实用性。近代，军事战争随着热兵器的出现，刀术逐渐退出历史舞台。而刀术也揉入了很多招数，逐步成为锻炼身体、增强体质的一种健身手段。近代的刀术内容极为丰富，不同刀术的套路，风格各异。目前在全国各地流传的刀术套路种类繁多，有梅花刀、关公大刀、六合刀、太极刀、青龙偃月刀、朴刀等数十种刀术。每种刀术所属的流派不同，练法也风格各异。中华人民共和国成立后，刀术也成为武术比赛的正式比赛项目。

4. 棍术

在武术众多的器械中，棍可谓是人类最早使用的防卫武器之一。在很多古籍中记载了人类"伐木杀兽"及"剥木以战"的场景。从古代到今天，棍在历史上也有各种称谓，如殳、棒、杵、轮等。发展到今天，棍的种类很多，如有铁环相连而成的梢子棍、三节棍等。在关于棍的传说故事中,"十三棍僧救唐王"曾激起了人们无数的遐想;宋代杨家将中的杨五郎将棍舞得出神入化;而《水浒传》中的九纹龙史进也是使棍的高手。

在历史长河中,棍术发展最好的时期是明代。比较有名的棍术有少林棍、青田棍、巴子棍、紫微棍、张家棍、腾蛇棍、贺家屠钩杆、西山牛家棒、沙家竿子、俞大猷棍等。这一时期也出现了关于棍术击法的著作,如茅元仪的《武备志》、俞大猷的《剑经》和戚继光的《纪效新书》等。近百年来,各武术派别创造出不同类型、不同风格的棍术套路,如齐眉棍、猴棍等。虽然技术风格不一,但是总体而言都离不开劈棍、崩棍、点棍、云棍、扫棍等基本方法。

5. 枪术

在中国古籍中有"蚩尤作五兵"之说,而五兵之中,就有枪。说明在中国,枪的起源非常早。关于枪术,多记载于中国古代军事阵战。像三国时代的蜀将赵云,隋唐时的秦琼、罗成、宋代的岳飞及力挑滑车的高宠等,都是善使长枪的好手。明代,抗倭将领戚继光创造出了战无不胜的鸳鸯阵,每阵 12 人,而枪手就有 4 人。随着明朝武术大发展,这一时期民间也出现了很多有名的枪术,如杨氏梨花枪、沙家枪、马家枪、峨眉枪等。这一时期,也出现了大量描述枪法的著作,如《长枪说》《武备志》等。

中国古代枪术的持续传承,离不开枪谱的继承与整理。早在梁代简文帝所作的《马槊谱序》中,就提到"近代相传槊已成艺",说明当时的枪术已经加工整理成谱了。当时的战争多用马,因此可以称为马上枪术。随着时代的不断发展,枪术又逐渐应用到步战当中。至明清时代,涌现的大量枪谱对枪法的继承与繁荣起到了极大的推动作用。近代,随着热兵器的出现,长枪退出了军事舞台,完成了它的使命。而历史留给世人的枪术,也以其独特的魅力成为武术比赛的正式比赛项目。

(二)散打概述

散打,又称"散手"。武术是以技击为主要内容的民族传统体育项目,散打是武术的重要组成部分,是一项互以对方技击动作为转移的斗智、较技的对抗性竞赛项目。古代称之为"相搏""手搏""卞""白打""拍张""手战""相散手"等。

散打的以前称为散手,是中华武术的精华,是具有独特中华民族风格的体育项目,多年来在民间流传发展并深受人民喜爱。散打的起源与发展,与中华民族悠久历史同步。它从先辈的生产劳动、生存斗争缘起,但又服务于此,演化至今成为华夏民族灿烂文化遗产中的瑰宝。原始社会人类为了争取自卫、猎取食物,长期与野兽搏斗,并学会了与野兽搏斗所使用的不同方法。古称相搏、手搏、卞、弁、白打等。

中华人民共和国成立之后,武术作为中华民族优秀的民族遗产被继承和发展。1952年,武术正式被列为推广项目,先以武术套路作为推广的重点,但散打此时仍在民间流传。直到1979年3月随着"武术热"的兴起,为了全面继承和发展武术这一民族瑰宝,同时丰富武术运动的攻防内涵,国家体委(现国家体育总局)在大量调研的基础上,正式启动了散打项目的试点训练工作。1982年1月《武术散手竞赛规则》初稿完成,同年在北京举行了全国武术散打邀请赛。随着散打运动的不断完善和发展,1987年散打比赛采取了具有民族特色的擂台竞赛形式;1989年散打被列为全国运动会正式体育比赛项目;1990年武术散打和套路被同列为亚运会正式比赛项目。

1. 散打的主要技法

(1)拳法:主要由直拳、摆拳、勾拳、贯拳等拳法组成;

(2)腿法:主要由正蹬腿、侧踹腿、鞭腿(横踢腿)、后摆腿等腿法组成;

(3)摔法:主要由快摔动作组成,如"夹颈过背""抱腿过胸""抱腿前顶""接腿勾踢"等;

(4)组合:主要由拳法组合、腿法组合、摔法组合三种顺搭和混搭组成。顺搭如拳法的"直摆勾组合",混搭如"拳摔组合""拳腿组合"等。

2. 散打的运动特点

散打具有民族性、体育性和对抗性三个主要特点。其民族性表现为:散打是中华民族的优秀文化遗产,是在中国特定的历史条件下逐步演变形成的。散打不同于以拳为主的拳击,也不同于以腿为主的跆拳道,同样不同于头顶、肘击的泰拳,它有自己的技术系统和特点。体育性和对抗性表现为:散打现在有一套完备的规则体系,比如不允许用反关节的擒拿动作和能使人致死的击打要害部位的动作等。散打强调对抗的技术性,通过技术来交流技艺。

二、气功术健身

第一式,两手托天理三焦(图4-45)。

口诀:十字交叉小腹前,翻掌向上意托天,左右分掌拨云式,双手捧抱式还原,式随气走要缓慢,一呼一吸一周旋,呼气尽时停片刻,随气而成要自然。

动作要点:两掌向上至胸部时,翻掌上托,舒胸展体,抬头看手;抻拉时下颔微收，头向上顶，略有停顿，脊柱上下对拉拔长，力由夹脊发，上达两掌；两掌下落时要松腰沉髋，沉肩坠肘，松腕舒指，保持上体中正。

易犯错误：两掌上托不充分，抬头不够；两掌保持抻拉时，松懈断劲；两掌下落时，肩臂僵硬。

纠正方法：两掌上托时抬头看手，下颏先向上助力，再内收，配合两掌上撑，力达掌根，保持抻拉两秒；两掌下落时要先沉肩、坠肘，而后手臂自然下落，身体中正，松腕舒指。

图 4-45　两手托天理三焦

第二式，左右开弓似射雕（图 4-46、图 4-47）。

口诀：马步下蹲要稳健，双手交叉左胸前，左推右拉似射箭，左手食指指朝天，势随腰转换右式，双手交叉右胸前，右推左拉眼观指，双手收回式还原。

动作要领：两腕交搭时沉肩坠肘，掌不过肩；开弓时力由夹脊发，扩胸展肩，坐腕竖指充分转头，侧拉之手五指要并拢屈紧，臂与胸平，八字掌侧撑需立腕、竖指、掌心涵空。略停两秒，保持抻拉，有开硬弓射苍鹰之势。

易犯错误：开弓时端肩、塌腰，重心偏移；成马步时跪腿、收腿时脚擦地、晃动，步法不灵便。

纠正方法：开弓时立项沉肩，上体直立，充分转头，步法转换要清晰，开弓时马步的膝关节不得超过脚尖，两掌侧撑时移为横裆步。在练习过程中，根据自身情况调整马步高度，不可强求，避免动作变形，循序渐进地发展下肢力量。

图 4-46 左右开弓似射雕(1)　　　　图 4-47 左右开弓似射雕(2)

第三式，调理脾胃须单举(图 4-48)。

图 4-48 调理脾胃须单举

口诀：双手重叠掌朝天，右上左下臂捧圆，右掌旋臂托天去，左掌翻转至脾关，双掌均沿胃经走，换臂托按一循环，呼尽吸足勿用力，收式双掌回丹田。

动作要领：单臂上举和下按时，要力达掌根，舒胸展体，拔长腰脊，要有撑天挂地之势。

易犯错误：两臂在上撑、下按时，掌指方向不正；肘关节僵直，没有弯曲度；

两臂对拉力度不够,上体不够舒展。

纠正方法:上举和下按时两掌放平,指尖摆正;在肘关节稍屈的状态下体会两肩充分拉伸。

第四式,五劳七伤往后瞧(图4-49)。

图4-49 五劳七伤往后瞧

口诀:双掌捧抱似托盘,翻掌封按臂内旋,头应随手向左转,引气向下至涌泉,呼气尽时平松静,双臂收回掌朝天,继续运转成右式,收式提气回丹田。

动作要领:两掌伏按时立项竖脊,两臂充分外旋,展肩挺胸,转头不转体。

易犯错误:两臂外旋时上体后仰;转头与旋臂不充分。

纠正方法:两臂外旋时下颏微收,向后转动时上体中正;转头时看斜后下方45°,旋臂时小拇指侧最大限度外旋,保持两秒抻拉。

第五式,摇头摆尾去心火(图4-50)。

图4-50 摇头摆尾去心火

口诀:马步扑步可自选,双掌扶于膝上边,头随呼气宜向左,双目却看右足尖,吸气还原接右式,摇头斜看左足尖,如此往返随气练,气不可浮意要专。

动作要领:马步扶按时要悬项竖脊、收髋敛臀、上体中正;侧倾俯身时,颈部与尾闾对拉拔长;摇头时,颈部尽量放松,动作要柔和缓慢,摆动尾闾力求圆活连贯。

易犯错误:摇转时头部僵直,尾闾转动不圆活;摇转时挺胸展腹,上体后仰。

纠正方法:转头时,颈部肌肉尽量放松,不可主动用力,头部转动速度要慢于尾闾转动;向后转动头部时要含胸,抬头向上看,向前转动尾闾时要收腹,向后转动时要先塌腰,再敛臀立身。在马步状态下转动尾闾有一定难度,可以将动作分解练习,先体会头部摇转,再体会尾闾转动,最后将转头和转动尾闾结合起来。

第五章 科学发展观指导下的全民健身服务实践体系内涵研究

第一节 全民健身服务实践体系研究

一、全民健身服务体系的内涵

概念是反映事物本质属性的思维形式。人们通过实践，从对象的许多属性中，撇开非本质属性，抽出本质属性概括而成。对全民健身服务体系的界定，目前的研究尚处于起步阶段，只有董新光对全民健身服务体系进行了界定：全民健身服务体系，就是一个能够使广大人民群众广泛参与体育健身活动，国民体质得到普遍增强的保障系统；就是一个能够为广大人民群众提供良好的体育健身环境和条件，满足广大人民群众基本体育健身需求的服务系统。全民健身服务体系是一个能够不断为全体国民提供体育健身的基本环境和条件，满足全体国民体育健身的基本需求，使全体国民健康素质得到明显提高的服务和保障系统。从该界定中可以看出，全民健身体系包括两大部分：一部分称为服务体系，它是直接为人们参与体育健身活动服务的部分；另一部分称为保障体系，它是为服务体系中诸要素提供供给、改善、支撑、保护的部分。

二、全民健身服务体系与和谐社会的相辅相成关系

（一）全民健身有利于社会和谐

根据中共十六届四中全会通过的《关于加强党的执政能力建设的决定》（以下简称《决定》）的有关论述和思想，社会主义和谐社会应当是全体人民各尽其能、充满创造活力的社会，应当是全体人民各得其所和利益关系得到有效协调的社会，应当是社会管理体制和社会服务网络不断健全的社会，应当是稳定有序、安定团结、各种矛盾得到妥善处理的社会。和谐社会是指全面系统的和谐，要求矛盾的双方

或矛盾的多方在运动过程中能达到并保持双赢或多赢的结局。具体来说，就是既要强调人与人的和谐又要达到人与自然的和谐；既要达到内部各阶层、各利益团体之间的和谐，又要争取外部世界格局的和谐发展；既要培育微观的各个社会组织细胞的和谐发展，又要促进宏观的整个社会的和谐发展；既要经济、政治、文化等各子系统内部的和谐，又要形成各子系统之间的和谐关系，使之共同发展。体育是社会发展与人类文明进步的一个标志，体育事业的发展水平是一个国家综合国力和社会文明程度的重要体现。在人类现代化建设的进程中，体育伴随着经济、社会的发展而发展，而且发展的活力越来越强，影响和作用越来越大。这充分说明体育对人和人类社会有着重要的功能和作用。因而全民健身运动的开展必将促进经济、社会的发展，为构建社会主义和谐社会打下坚实的基础。1995年6月20日国务院颁布了《全民健身计划纲要》，它是国务院推行的国家计划，是由国家领导、社会支持、全民参与、有目标、有任务、有措施、有步骤的民族体质建设的庞大系统工程。20多年来，我国社会的进步和人民生活水平的提高，也为全民健身的发展创造了良好的环境。《体育法》《全民健身计划纲要》《社会体育指导员技术等级制度》等有关法律法规的颁布实施，使大众体育在制度、措施上有了保证。同时，消遣、娱乐、健身成为人们闲暇生活的重要内容，人们对大众体育的发展提出了新的要求。

(二)社会和谐有利于全民健身的开展

和谐社会是一种社会过程或状态。和谐社会是"将来时"而不是"现在时"，是党现在要着力构建的在将来才能实现的目标。目前我国处于小康社会的初级阶段，我国地域辽阔、人口众多、区域发展很不平衡的特点，导致了贫富差距的产生。经济发展水平相对较低地区的居民，在满足日常开销外，很难有剩余的资金投入健身活动。当步入全面小康社会阶段后，经济会更加发展，国民生产总值会逐渐达到中等发达国家的水平，人均收入会大幅提高，人民生活也会更加殷实。繁荣的经济为全民健身活动的开展打下坚实的物质基础，高、精、尖科技的层出不穷给社会带来了生产方式的变革，要求劳动者能够从事更为复杂的脑力劳动，越来越快的生活节奏和竞争压力增加了社会财富的积累速度，也增加了人们的生理和心理负担，此时人们对健康更加关注。健身活动中心成了人们最好的休闲、娱乐场所。而科技的进步、文化的繁荣为人们消费观念的革新注入活力，人们从传统的物质需求向舒适安全的健身方向发展，花钱买健康已成为一种时尚。在全民健身活动中可消除疲劳，促进健康，缓解心理压力；陶冶身心，开阔视野，实现身心的平衡。在运动中体验快乐、品味多彩人生。健身场所的数量和规模的大幅提升、组织机构的不断健全和完善为人们积极参与健身活动提供动力，使健身活动的开展如火如荼，比较完善的全民健身体系逐渐形成。

(三)和谐社会的构建是全民健身服务体系的基础

首先，和谐社会构想的提出为全民健身服务体系的构建提供了理论依据。党的十六届四中全会提出了构建"民主法治、公平正义、诚信友爱、充满活力、安定有序、人与自然和谐相处"的社会主义和谐社会的任务。构建和谐社会就是要在加快经济增长的同时，大力发展科技、教育、文化、卫生、体育等社会事业，以满足人民日益增长的物质文化和精神文化生活的需要。我国的全民健身及其服务体系作为社会主义社会文体事业的一部分，必须以"和谐社会"理论为指导，使之在构建社会主义和谐社会的进程中起到积极的推动作用。

其次，和谐社会的构建为全民健身及其服务体系营造了良好的环境。和谐社会是"统筹城乡发展、统筹区域发展、统筹经济社会发展、统筹人与自然和谐发展、统筹国内发展与对外开放"的全面、协调、可持续发展的社会。随着和谐社会的构建，我国经济、社会全面发展，城乡之间、不同区域之间的差别逐渐削弱，一个节约型可持续发展的新型社会逐渐呈现，我国的全民健身体系也具有良好的发展前景：全面发展的社会带来了体育事业的全面发展；随着区域经济的逐步均衡化，全民健身事业发展程度高的地区必会带动发展程度低的地区，然后逐步趋于平衡；在群众体育管理体制与运行机制中，政府与社会权责分明，实行管办分离，推行体育社团组织自治，把办体育的具体事务交给体育社团组织，而体育管理部门把工作重点转移到了对群众体育的宏观管理，降低政府部门管理群众体育的运营成本，遵循"节约资源、合理布局、原则抓好"三个环节的建设工作中来。

(四)全民健身服务体系在构建和谐社会中的作用

体育运动向人们和社会展示以公平、公开和公正为道德核心的价值体系和价值标准，得到了当代人类社会不同民族和不同社会意识形态国家的普遍尊敬和推崇。在阳光下的公平竞争正是现代人类社会所需要重新构建的价值体系和价值标准的道德核心。我国正广泛开展的全民健身活动以其"全民性"，满足了全体国民日益增长的体育文化需求，保障了全体国民享有基本的体育服务，促进了社会公平。

人们在进行体育运动的过程中，能增强人与人之间的情感交流和交往，是促进人们之间友谊和增强团结的重要手段。通过体育运动，扩大人们的情感交流，增进人与人之间的相互了解，改善人际关系，共同创造和谐文明的社会环境。通过全民健身运动的开展，增进人际关系和谐，增强人们之间的合作友爱。

全民健身在维护社会稳定、促进社会安定有序的发展方面也起着不可估量的作用。作为社会的"安全阀",为释放可能严重危害社会秩序的社会能量提供了渠道。我国创造性地提出了全民健身运动,缓和了群众体育领域的矛盾和冲突,加强了社会的安定团结。

三、和谐社会背景下全民健身服务体系框架构建

(一)构建有中国特色的全民健身目标体系

在党的十六大制定的经济社会发展宏伟目标指引下,根据《体育法》、《全民健身计划纲要》、国家体育总局《2001—2010年体育改革与发展纲要》,紧密结合全面建设小康社会进程,研究和制定全民健身目标体系,建成具有中国特色的全民健身体系。发挥各级政府的主导作用,完善社会化群众体育组织网络,建立政府与社会共同兴办、充满生机活力的全民健身运行机制,活跃青少年体育、农村体育、社区体育、企业体育、机关体育,尽快完善国民体质测定系统,建成和完善与经济社会发展相适应、与全面建设小康社会同步的各种体育健身设施。

(二)组建管理清晰的组织网络体系

为了保障全民健身活动的顺利发展,加强制度建设和体制建设十分重要。其中,激励制度与服务体系建设尤为关键。目前的全民健身活动主要是行政主导型的,由于行政、财政力量有限,不可能广泛开展健身活动。今后的发展策略应将政府投入改为政策支持,如采用补贴政策,鼓励有组织的健身活动,奖励有推广价值的新体育项目等,而行政系统不再直接参与健身活动。如上海市政府颁布的《上海市全民健身发展纲要》提出要建立体育设施、组织、指导、活动、监测、信息六大服务网络,就是很有远见的计划。体育是直接作用于人的,特别是全民健身运动,它涵盖了所有人群(既有青少年,又有部队指战员;既有干部职工、白领蓝领,又有城市居民、乡镇农民;还有老弱病残等社会弱势群体),直接涉及人的体魄强健,有利于人的综合素质的全面发展。因此要牢固树立"以人为本和促进人的全面发展"的理念,既为广大人民群众提供体育健身服务,保障他们应有的体育健身权利,又要通过好的服务使人们满意。社会要努力构建面向大众、"亲民、便民、利民"的多元化体育服务体系,以保障广大人民群众享有基本的体育服务。为了创造公平参与全民健身的活动机会,对弱势群体实施体育照顾具有重要意义。如在公共体育场所修建无障碍设施、提供免费或低偿体育服务、开发适合不同人群的健身或康复项目、创造残障人

等与其他人群共同进行体育活动的机会等,形成各类人群都能参加全民健身活动的"和而不同"的和谐局面。

(三)构建全民健身服务的活动体系

体育活动娱乐性强,并具有向心聚合功能,在增进团结与培养集体意识方面有独特的价值。各地之间应相互交流学习,再各自根据当地的地域特点、风俗文化、传统习惯和不同人群的需要设计体育活动,融入自然,开展一些生态体育活动。开展群众性体育活动要坚持经常化、普遍化、社会化、科学化、制度化和多样化,体现民族性、传统性、趣味性和健身性。搞好"四类活动",抓好"三类指导"。"三类指导"是指:①户外体育设施健身活动的指导;②健身站点健身活动的指导;③营利性体育场所体育活动的指导。"四类活动"是指:①具有影响力、感召力、示范效应的"品牌活动",发挥大型活动的辐射和推动作用;②项目或地区特色活动,形成各具特色的健身活动内容;③广场和公园体育活动,建设健康、便利的健身环境;④民族民间传统体育活动,展示中华民族优秀传统文化。

(四)构建全民健身服务的场地设施体系

利用和创造良好的健身设施并提供相应的配套服务,是推动全民健身活动的重要措施之一。为了满足广大人民群众体育健身多元化需求,把公益金作为引导资金,在全国探索示范性建设全民健身活动中心。健身路径工程、全民健身活动中心、雪炭工程、全民健身活动基地是我国全民健身工程的四种基本模式,这四种基本模式使我国构建和谐社会的体育健身设施多元化发展模式的格局显现出来。同时根据新时期的要求,全民健身工程开始由城市社区向乡镇、村庄扩展。

(五)全民健身服务的科学指导体系

全民健身中的体育活动也不是自己想怎么练就怎么练,还是需要科学指导的,各地应该组织一批对体育有兴趣并具有相当体育知识的志愿者和原来从事过体育工作的老同志等加入社会体育指导员的队伍中来,让人们在参加锻炼的时候做到有指导、有计划,这样,科学健身的目的才能达到。运用科学知识和科学方法指导全民健身,已经成为人们的共识和全民健身的发展趋势。国家体育总局每五年一次的国民体质监测已形成制度,近两年先后颁布实施的《国民体质测定标准》《青少年体质健康标准》《普通人群体育锻炼标准》为不同人群的体质检测和体育锻炼提供了科学依据。构建和谐社会,提倡"以人为本",全民健身就是最大限度地体现了"以人为本"。现在我国也进入全面建设小康社会、构建和谐社会阶段,经济社会迅速发展,人民生活水平不断提高,这使人们更为关心、关注健康,健身成为其建立新的生活方式的一种时尚追求和重要内容。这些都需要因势利导、引领、指导和推动全民健身运动向纵深发展,为人的全面发展服务,为构建和谐社会服务。也有必要根据国家社会发展需要,与时俱进地调整发展策略,将全民健身作为构建和谐社会的重要手段,在促进国民身体素质提高的同时,促进社会和谐发展。这对于实现经济社会的协调发展,实现国家的长治久安具有重大的意义。

(六)逐渐完善全民健身激励体系

在新一轮全民健身工程开展之际,要出台一套完整的全民健身激励体系,奖励先进,鞭策后进。贯彻国家四年一度的全国群众体育先进单位和先进个人评比表彰制度,建立健全各地群众体育表彰奖励制度;借鉴中央文明城市和文明单位的评比规定,将全民健身工作纳入各地文明城市和文明单位的评比表彰指标体系中,形成各级各类全民健身奖励机制。建议筹措设立全民健身奖励基金,奖励那些在全民健身工程中有突出贡献的单位和个人;各市、县、乡(镇)和城市社区每年评选一次全民健身先进单位和个人,给予精神鼓励和物质奖励;要出台政策、营造氛围,引导社会各界对全民健身活动的赞助与支持。

全民健身服务体系的主要框架的构成因素是密切联系的统一整体,它们相互作用、相互依赖,共同影响群众体育的发展与和谐社会的进程。

第二节 全民健身服务实践体系具体研究

一、全民健身服务体系的特点

(一)全民健身服务体系的全面性

《全民健身计划纲要》指出,"全民健身计划以全国人民为实施对象",这既是"全民健身体系"中"全民"的要求,也是"全面建设小康社会"中"全面"的规定,它包括服务人群的全面性、服务内容的全面性和服务范围的全面性。既包括城市又包括农村,涉及的人群包括各行各业,因此具有全面性的特点。

(二)全民健身服务体系的系统性

《全民健身计划纲要》本身是一项庞大的系统工程。要完成这一系统工程,就要有系统的计划和全社会的大力支持,因此,具有系统性的特点。

(三)全民健身服务体系的多样性

《全民健身计划纲要》的服务对象、组织结构、投资主体和内容都具有多样性。一个多样性的全民健身体系才能使更多的人参与体育，使更多的人受益。

(四)全民健身服务体系的服务性

为广大人民群众提供必要的体育设施和服务，这是由党和政府全心全意为人民服务的宗旨决定的。在形成亲民、便民和利民的全民健身服务体系的过程中，全民健身服务体系为广大人民群众参与体育健身活动服务，为积极形成全民族健身心理服务，为提高人民生活质量服务，为繁荣体育事业、建设先进文化、推动经济发展服务。

(五)全民健身服务体系的保障性

全民健身服务体系是由我国群众体育的公益性事业的性质决定的。全民健身服务体系要"保障广大人民群众享有基本的体育服务"，保障法定公民的体育权益切实得以实现；保障政府承担的体育责任切实得到落实；保障基本的体育健身环境和条件切实得到改善；保障全民族健康素质切实得到明显提高。

二、构建新时期全民健身服务体系的改革对策

(一)更新体育观念，增强体育意识

体育意识是指人们对体育及其重要性的认识以及由此产生的思想观念、心理活动的总和。在未来全民健身服务体系的建构过程中应注重在理论指导中结合科学发展观，更新体育观念，增强群众体育意识；形成体育健身是获得健康，促进自身全面发展，提高社会适应水平的科学的生活方式的新型体育观。

(二)转变政府管理职能，建立新型运行机制

政府管理职能的转变关键在于社会体育组织的发育和发展，社会体育组织的发育和发展又在于政府"管办分离""权力下放"，两者之间相辅相成，形成互动。国家应当制定更为科学与合理的法规规范社团的管理与发展，促进体育社团等组织实体化，鼓励体育组织大力发展并在全民健身事业中发挥实体作用，激发社会体育组织的活力，为全民健身事业的组织做出贡献。

(三)加强政策法规建设，完善全民健身计划

《体育法》及《全民健身计划纲要》等政策及法规的颁布是保证全民健身在整个体育工作中的地位的基础。完善的政策与健全的法律是构建与完善全民健身工程

的重要保证。作为第一部全民健身工作的施政纲领,《全民健身计划纲要》在全民健身工程的实施中有着重大意义。

(四)加大全民健身资金投入,调整指导员人才培养模式

当前社区体育健身资金来源有限,政府拨款和私人集资是社区全民健身活动经费的主要来源,这和体育事业长期依赖国家拨款的旧体制有关系。在改革中应加大体育彩票公益金在体育健身方面的支出以及比重,在减轻政府财政拨款负担的同时加大对健身的投入,并逐渐向个人和社会共同兴办的全民健身活动的方向转换。在人才队伍培养上,应依据居民需求,合理调整人才培训内容,寻求一个培养出高质量,适合群众体育需求的人才培养模式。由政府部门申请部分体育彩票公益金设立专项基金,作为培养社会体育指导员专用。

三、全民健身体系中存在的问题

(一)主体单一,缺乏积极性

全民参与的健身公共体系是由政府为主导的,在计划经济的影响下,政府作为公共服务中的主体,一方面是服务中的组织工作者,另一方面又是生产者,将社会各个行业的力量聚集到服务的供给中。当前,国家对组织政策的要求逐渐放宽,支持社会各界的力量参与社会建设。虽然我国的不少地区在引导群众力量方面有一定的突破,但是与理想中的构建还有一定的差距。

与就业、社会保障以及关乎民生的社会政策相比,全民健身的受重视程度明显不够。一些基层的政府机构对全民健身表现出了相当的积极性,但是脱离实际。有些基层政府虽然在全民健身方面投入了不少精力,提升了服务体系的水平,但是重视的程度不足,健身水平的提升有限。

(二)理论认知不足,体系构建亟待完善

城乡一体化作为我国全民健身服务体系中的重要因素之一,在实施过程中,往往因为人们对相关理论认识和理解得不透彻而落实不到位。例如,苏州市全民健身公共服务体系建设以公共服务理论、系统理论和城乡一体化理论为理论基础,以实现全民健身公共服务均等化和城乡一体化为目标,树立"民生体育""公共体育"和"全民体育"理论,坚持公益性、基本性、均等性和便利性原则,历经摸底起步、探索推进和系统建设三个阶段,建设内容包含全民健身公共服务体系和全民健身公共保障体系,建设成就显著。但同时,苏州市全民健身公共服务体系建设同样面临建设主体单一、基层政府重视不够、理论认识尚有不足、内容不够充实、

全民健身公共保障体系还不健全等问题。

(三)公共服务体系的不健全

全民健身包含健身组织、健身活动、健身指导、建设设施等几方面，这几方面目前都存在着一定问题。比如场地构建不足、设备的利用率不高、体育场馆的社会开放率远远达不到预计状态。从全民健身组织来看，人才队伍的构建数量不足，尚未发挥最好的组织功能，而健身体系方面的业务能力差别很大，尚未进行常态化的监督。从全民健身活动方面来看，若是真正重视全民健身活动，就需要充分利用手机、计算机等媒介，而当前的信息来源单一，需要构建好互动平台。

当前从全民健身管理来看，很多基层政府对健身的重视程度不够，人才的建设相对匮乏，整体素质不高。从健身的资金投入来看，财政拨款有限，经费多置于全民健身体系的构建中。社会的参与程度不高，政策规范化文件不够，制度不完善，组织的影响力不足，这些都影响了全民健身的经费投入。

四、如何构建全民健身体系

(一)完善健身服务与保障体系

全民健身体系的构建主要是为了构建服务体系的框架，加快建设体育设施，充分利用各类场所，弥补此前场地建设的不足，根据开放的对象一同参与管理。全民健身体系的构建需要强化人才队伍，帮助基层进行全民健身，缓解此前人才不足的情况，然后加大体育指导员的服务、培训力度，吸收有心参与社会服务的志愿者，为志愿者提供必要的安全保障以及物质支持，强化两者的交流学习。全民健身体系的构建需要拓宽信息传播渠道，利用电台、报纸等途径，传播健身知识，及时发布健身信息，为各大健身爱好者提供良好的健身平台。

在全民健身体系的构建中，首先，需要健全组织领导作用，强化健身组织机制，将健身中的各种问题纳入社会发展规划中，将这项惠民工程与文化、体育、卫生、旅游等相结合，推动健身事业的发展。其次，全民健身需要保证财政拨款，设立专项资金，通过社会各界的融资以及集资鼓励社会捐助，给予个人相关的税收优惠，及时发现公共体系中存在的问题，并且构建科学合理的评价机制。

(二)创新全民健身体系

全民健身体系的构建需要政府的参与，将个人、企业以及政府的力量集中，发挥各自的优势以及作用。首先，需要制定相应的政策，通过税收优惠，发挥企业的灵活性，重视全民健身组织活动的培养，及时进行自我完善、自我监督，构建多元化的健身体系。其次,在全民健身体系的构建中,还需加强宣传教育,全面贯彻国家的政策要求,将全民健身纳入政绩要求,强化社会监督,充分利用社会各个平台进行宣传。

(三)促进城乡发展与建设

城乡在全民健身体系的构建中缺乏必要的交流,而实现城乡一体化需要保证城乡健身服务机会均等。首先需要保障城乡居民的权力均等,按照《中华人民共和国宪法》等相关法律的规定,贯彻落实体育专项制度,同时加强地区全民建设的法规政策的制定,使得城乡居民能够获得平等的健身权利。其次,保证全民健身机会平等,统筹城乡服务体系的建设,使得居民拥有交流的机会,加强信息活动等方面的互动交流,推进健身服务的均等,实现全民一体化健身。

五、完善全民健身公共服务组织管理体系的研究

(一)完善政府的支持体系,进行多部门联动

政府在工作过程中需要强有力的支持和保证,通过多部门的交流和共同思考、反馈,才会使管理体系更加完善。财政部门、体育部门、法制部门、筑建部门、文化部门多部门联合整理和讨论,会使监督更加便利、专业,使管理更加综合、全面,同时,全民健身公共服务组织管理会更有效率。

(二)进一步加大科普力度

使居民更加自觉地运动及加强对全民健身器材的保护意识。一方面,需要相关行业权威人士在电视、新闻、报刊、工具使用推送中更多地对相关知识进行说明,借此引起更多受众的广泛关注,使更多的人通过媒介接受这些管理条例及科学性常识;另一方面,可以通过以社区、村庄为单位的宣讲使公众了解到全民健身器材的使用、保护和相关条例,教育公众有更加科学、合理的意识形态。

(三)资金方面,可以采用竞投、众筹等多种方法进行筹集和应用

用多元的方式进行资金筹集,会使全民健身公共服务组织管理体系有更加坚实的物质保障,让更多的企业或相关的组织参与到建设过程中来,进而直接影响到公共健身器材的数量和质量,进一步保证相关体育器材的安全质量,使全民健身公共服务组织管理体系更加多元和健康。

(四)对体育信息的发布及传播进行严格的管控,使更多居民拥有健康的健身理念

现阶段体育已经出现商业化趋势,且此趋势愈演愈烈,一些竞技类的、偏娱乐类的体育运动成为当下许多公众追捧的对象,这样容易形成错误的观念,不利

于人们身心健康的发展，因此对体育信息的严格审核和管理极为关键，有关部门应该对体育信息进行进一步的筛选和管理，使更多的公众能够有健康的生活理念和运动观念。

六、全民健身指导体系建设

(一)建立国民体质健康水平检测和健身指导体系的必要性

1. 国民体质健康关乎国家和每个人的切身利益

毋庸置疑，国民体质健康关乎国家和每个人的切身利益。国民是国家的重要组成部分，其能够进行各种经济政治活动，促进国家经济的不断发展，促使国家富强，四邻友好；国民还能够保家卫国，保证国家和民众的安全。而这一切都建立在国民体质健康的基础上。身体是革命的本钱，只有体质健康了，国民才能无虑地做任何事情，为国家贡献自己的一分力量，促进国家的发展富强。如果国民无暇进行体育健身，体质水平直线下降，健康无从保证，那么民众就自顾不暇了，又何谈报效国家呢？同时国民体质水平的整体下降也会对经济活动和军事力量造成重大损伤，这不仅不利于国家综合国力的增强，也不利于国家的安全。因此，建立科学完善的国民体质健康水平检测和健身指导体系是非常必要的，它与国家和每个人的切身利益息息相关。

2. 我国国民体质呈下降趋势

近年来，我国国民体质健康水平呈下降趋势，情况令人担忧。随着改革开放的进行，我国经济迅速发展，人民生活水平提高，体力活动也逐渐减少。由于劳动量减少，人民又疏于体育健身和锻炼，国民的体质健康水平正在不断下降。国民生活的改善是好事，但是缺乏体育健身，身体素质下降就不是好事了。这种状况不利于国民的身体健康，从长远来看，还会影响其生活和工作。因为国民的重视不足，外加体制和管理制度不健全，这种国民体质水平下降的状况正在不断蔓延和加剧，急需得到关注和解决。因此，建立科学完善的国民体质健康水平检测和健身指导体系是非常必要的，也是急不可待的。

3. 国民体质健康数据能够为教育、医疗和科研提供参考信息

定期和准确地获得和分析国民体质健康数据，不仅能够为及时有效地教育提供参考信息，还有利于医疗和科研的进行。建立完善的检测体系，就能够及时掌握国民体质的健康数据，根据国民体质的状况及时提醒民众，通过合理有效的教育促使国民重视自己的身体状况，并有针对性地进行体育锻炼，及早消除健康隐患,确保身体健康。国民的体质健康数据还能使医生有效地预测可能发生的健康问题,从而尽早提醒国民注意和解决。同时在医生治病时,也能提供有效参考,促使医生更加准确地治病开药。国民的体质健康数据还能为科研提供最新的参考信息,促进科研的进行,从而研发出先进的医疗方法。因此,建立科学完善的国民体质健康水平检测和健身指导体系是非常必要的,对于教育、科研和医疗的发展有着促进作用。

(二)建立国民体质健康水平检测和健身指导体系过程中遇到的问题

1. 资金缺乏

建立和完善国民体质健康水平检测和健身指导体系(后文简称"国民健康体系")需要巨大的人力和财力投入。各地的经济发展状况和人口分布都有所不同,国家统一给出的资金难以满足不同城市的资金需求。建立国民健康体系需要很多的资金来源,然而主要来源是国家给予的经费,这很难满足体系建立的资金需求。这种资金需求大、资金来源少的状况导致经费紧张,人才和技术设备不足,国民健康体系的建立举步维艰。

2. 观念上不重视

部分民众认为身体健康是自己的事,自己最了解,不需要什么体质,这种对体质健康的轻视也不利于建立国民健康体系。民众对体质健康的怀疑和忽视,致使其不愿意接受检测,从而导致难以取得所有国民的体质健康数据,不仅不利于民众的个人健康,还阻碍了国民健康体系的建立和完善,同时也不利于整体国民体质健康水平的提高。同时,部分民众的不理解致使难以取得更多的经费来源,资金无从保障,同样对国民健康体系的建立形成了阻碍作用。民众的忽视还不利于国民健康体系建立后的推广,阻碍健康教育的进行,对于民众健康和体育健身的指导也容易形成不良影响。部分民众对体制健康的重视度不够也是必须解决的问题。

3. 国民健康体系辐射范围过窄

国民健康体系辐射范围过窄,不仅不利于建立和完善国民健康体系,同时也不利于国民健康体系充分发挥其作用,不利于真正提高国民的体质健康水平。由于资金、技术和人才等因素的限制,国民健康体系不能涵盖所有的地方,这就导致不是每个地区都可以被顾及。同时,国民健康体系没有覆盖各个年龄阶段的人群,覆盖范围小,致使数据不全面,无法有针对性地指导各个年龄阶段的人群。另外,国民健康体系的建立虽然获得和存储了数据,但是并没有进行有效的管理、分析和指导,致使国民健康体系建立不全面,无法有效利用数据。由此可知,国民健康体系辐射范围要扩大。

4. 缺乏大数据分析软件

建立和完善国民健康水平体系,就是为了获得国民的体质健康数据,然后进行科学有效的分析,从而指导国民进行针对性的体育健身,提高自身身体素质,提高国民整体体质健康水平。同时通过有效的数据分析,能够为科研和医疗提供参考信息和指导。然而,在国民健康体系建立的过程中却缺乏大数据分析软件。由于技术能力不足、专业人才有限、资金供给不足等,一些先进的大数据分析软件并没有开发和采用,这就致使数据分析缺乏科学性和先进性,这种技术上的硬伤对于国民健康体系的建立和投入使用是非常不利的。它不仅使体系的建立缺乏技术支持,同时也难以真正有效地获得和使用数据,很可能导致国民健康体系的建立有名无实。

(三)建立国民体质健康水平检测和健身指导体系的对策

1. 多渠道吸引资金投入

国民健康体系的建立需要专业的人才、设备和技术,这就决定了我们必须具备大量的资金。如果国民健康体系的建立和投入运作仅凭国家的经费供给,那么是难以满足资金需求的。因此,在国民健康体系的建立过程中,要多渠道吸引资金投入,有效解决资金不足的问题。在国家的经费拨款之外,应当吸引有意向的企业和个人投入资金,从而增多经费的来源渠道,也有利于国民健康体系的推广。在国民健康体系的建立过程中,合理使用国家经费供给,多渠道吸引资金投入,形成更完善的资金投入体系,促进国民健康体系的顺利建立。

2. 推广和宣传体制健康的重要性

国民健康体系的建立,能够及时获得和更新国民的体质健康数据,通过有效的分析指导国民更加科学地进行体育健身,可以促使国民更具有针对性地健身和改善自身体质健康水平。因此,应当通过各种方式宣传和推广体质健康的重要性,促使国民重视国民健康体系的建立,并积极参与其中。可以观看专门的体质健康的演讲,通过生动科学的演说,促使民众正视体质健康。同时也可以在社区宣传栏里张贴有关体质健康的国家政策和相关法规,促使民众从法律角度认识和了解体质健康。除此之外,还可以通过报纸、电视、网络等媒体进行宣传和推广,引导民众重视体质健康,促进国民健康体系的建立。

3. 建立和完善体系管理机制

为了促使国民健康体系充分发挥其作用,应当建立和完善体系管理机制,使管理机制符合经济和社会发展的需求，促使体系正常运作。在建立管理机制时，应当选择更具才能的领导人员，促使体系的管理团队更加合理和优化。同时管理机制的建立应当涵盖体系的方方面面，使其更加健全，达到管理无遗漏。还要制定科学合理的行为规范，保证工作人员严格遵守，推动管理的有效进行，促进管理机制的建立和完善。

4. 加强技术投入

加强技术投入是建立和完善国民健康体系的必然要求。通过引入专业人才，能够开发先进的数据分析和管理软件。通过加强技术投入，可以培养更多的专业人员，让他们更加科学地指导和教育国民关注健康和改善体质健康水平。除此之外，通过加强技术投入，可以建立科学的网上管理体系，更加及时和方便地管理和更新数据，确保数据的正确有效。因此，建立国民健康体系，要加强技术投入。

第六章 全民健身与大众体育研究

第一节 大众体育概述

一、大众体育

大众体育亦称"社会体育""群众体育",是指为了娱乐身心、增强体质、防治疾病和培养体育后备人才,在社会上广泛开展的体育活动的总称,包括职工体育、农民体育、社区体育、老年人体育、妇女体育、伤残人体育等。其主要形式有锻炼小组、运动队、辅导站、体育之家、体育活动中心、体育俱乐部、棋社,以及个人自由体育锻炼等。大众体育价值观是大众的价值观在体育方面的具体化,大众体育锻炼价值观也就是大众的价值观在体育锻炼方面的反映。大众体育锻炼价值观是大众以自身需要为标准来评价体育锻炼存在和发展的根本观点,它还反映着大众所处的经济环境和文化环境,大众体育锻炼价值也是一种社会价值和文化价值。

二、大众体育的价值

科学和实践证明,增进身体健康涉及多种因素,而体育锻炼则是最积极、最有效的手段。现代社会由于科学技术的高速发展,劳动生产率水平的提高,现代人的日常体力活动日益减少,肥胖、心脑血管疾病等"现代文明病"的发病率越来越高。而体育锻炼是治疗"现代文明病"的最佳处方。在一些经济比较发达的国家和地区,绝大多数人将每天进行体育锻炼看成是生活中不可或缺的重要组成部分。

(一)生理价值

生理价值是体育锻炼对参与锻炼的锻炼者最直接、最根本的价值体现,它是体育锻炼的基本属性和人类赖以生存、快速发展的需要。它要求参与锻炼者直接参加活动,这有如下益处:促进参与锻炼者的神经系统的发育,提高其身体灵活性；控制身体重量与改变身体体型，减缓心理应激；延年益寿。总之，体育锻炼能够促进锻炼者正常的生长发育，提高锻炼者的各项身体机能水平，使锻炼者精神饱满，充满生机与活力。

(二)心理价值

个体通过参加体育锻炼能够增强心脏的泵血能力，促使大脑的血液供应充足，这样能使其处于适当的兴奋状态，从而能更好地提高工作效率；通过体育锻炼还能够调节个体的情绪状态，当处在良好情绪状态下，其消化系统、神经反应系统、心血管系统、运动系统、内分泌系等都处在良好的状态中，个体就不会出现忧虑、贪求、怯惕等不利于健康的消极情绪。一个健康发展的社会需要的不仅仅是人们具备健康的体魄，更需要人们具备健康的心理，在当下高速发展的社会中，人们正在承受着前所未有的压力，抑郁症、妄想症、焦虑症等心理疾病也越发地凸现出来。体育锻炼能够提高个体的自我认知能力，使锻炼者逐渐恢复自信心，个体可以根据自身的能力、喜好等选择锻炼的方式方法，在圆满完成体育锻炼任务的同时增加自信心。

(三)社会文明价值

一个国家体育事业的繁荣，能够证明这个国家社会、民族的发展，能够证明这个国家经济的发展和文化的进步。体育本身也是一门科学，它除了外在的体育竞技、锻炼、休闲娱乐的表现形式，还有自身的各个发展方向、发展领域的理论知识的探索与发展。因此，体育具有一定的教育价值，它是培养德智体全面发展的不可或缺的内容，通过体育锻炼可以促进健康道德的培养，可以提高全民的身体素质，促进全民健康，为社会的进步、国家的发展提供良好的基础。

(四)休闲娱乐价值

一般娱乐形式所提供的手段具有一定的间接性、倾向性，而体育锻炼却可以让锻炼者直接参与，使锻炼者直接改变自身的机能、形态以及心理变化，做到真正的切身体验；体育锻炼变为锻炼者的乐趣，它可以排解锻炼者的忧愁苦闷，愉悦锻炼者的身心，让锻炼者内心充满喜悦。

三、培养大众体育价值观的意义

(一)培养大众体育价值观是社会的需要

自国务院颁布实施《全民健身计划纲要》以来，全国各处都开始了全民健身的各种相关活动，很大程度上提高了参与体育锻炼的群体数量、满足了全民体育锻炼的心态，推动了社会全民健身的顺利开展，提高了全民素质，更好地促进了体育经济和体育文化的发展。由于加强全民体育锻炼的各种政策的出台，各种体育场所和体育健身器材得到了一定程度的改善，随着体育群体的体育锻炼习惯的养成和国家体育健身的新的相关政策的相继出台，体育健身的硬件建设会越来越好，进而更能促进全民对体育锻炼的追求。

(二)培养大众体育价值观是体育锻炼行为习惯养成的重要前提

体育锻炼具有满足人类生存、发展的需要的能力，作为人类体育活动的活动价值之一，它正在被人类不断地开发与利用。人们可以通过体育锻炼增强自身素质、体质、娱乐和社会交往能力，人们也可以在体育锻炼中不断锻炼自己、完善自己、展示自己、提高自己。人类只有能够认识到体育锻炼本身的价值，并且可以去直接参与进去，才能有所收获。在市场经济条件下的今天，促进全民培养体育价值观，进而养成体育锻炼行为是一个必然的、重要的时代课题。

四、我国大众体育文化的发展历程

我国大众体育文化的发展经历了五个时期。

第一时期，1949—1957年，这是大众体育的开始。训练大批的体育人才，兴建场地，组织群众参加体育运动。1955年设立了体育部。1957年，各个部门设计自身的行业体育协会，总数将近4万个，拥有会员400万名。1957年蔓延到农村，建立约3万个体育协会，拥有会员数90多万。

第二时期，1958—1965年。这七年是我国开始全面进入大规模的社会主义建设时期，也是在曲折道路上发展的时期。虽然我国遇到了很大的经济困难，但仍然拨出经费修建体育场地和购置体育器材。这一时期全国总共建立49 900个体育场所；经过各种培训，成功训练出约59万名体育干部。

第三时期，1966—1976年。"文化大革命"时期，我国经济萧条，大众体育的发展受到多方阻碍，呈现畸形发展的趋势。

第四时期，1976—1995年。"文化大革命"结束后，我国社会经济开始新的起步，大众体育事业也随之开始新的成长阶段。随着计划经济的瓦解和市场经济的形成，行政式的大众体育方式逐渐落伍，群众性的体育管理机制和方式逐渐代替了行政性体育管理机制。国家开始动员社会开办体育俱乐部、体育协会、街道办事处等组织大众体育的发展。

第五时期，1995年至今。1995年6月，由国家颁发的《全民健身计划纲要》，带领中国大众体育事业走向辉煌。国家《体育法》更是明文规定：国家推行全民健身计划。得到政策法规的保证，我国大众体育事业进入了新时期的发展阶段。

五、我国大众体育发展的基本特征

(一)大众体育"赶超式"发展

我国大众体育是在一定时间内，以别的国家几倍甚至几十倍的速度"赶超式"发展起来的，更以越来越快的速度向更高的方向发展。我国是现代化发展较晚的国家，起步晚，条件不够成熟，因此我国的大众体育发展在最初与现代化较早的国家有一定的差距，这就决定了其在追赶其他国家的过程中更要科学合理地做好组织和调节工作。

(二)大众体育的发展与社会发展紧密相连

随着时代的进步，大众体育的形式、管理和内容也与时俱进，群众的健身意识更加强烈。尤其是市场经济体制的建立，进一步推动了我国大众体育事业的发展。最初的大众体育形式单一，几乎为行政组织模式，现在则演变成社区、家庭、体育协会等多种形式各自占据一片天下的模式，实现了体育社会资源的合理配置。

(三)大众体育观念不断改变和更新

在我国计划经济时期，大众体育的作用是为国家建设和国防提供人才，属于社会福利事业，是由国家和企业所控制。经过改革开放和市场经济体制的变革，大众体育思想开始更新，传统观念被慢慢改变。人们将更多的财力、物力和精力投放到大众体育当中——买各式各样的体育服装、鞋子，购买健身器材，加入体育协会，参加体育比赛等，体育成为人们日常生活中不可缺少的一部分。

(四)不断吸收和发展外来文化

我国大众体育思想的更新主要来源于外来文化的涌入，通过对大众体育认识的加深，将良好的外来文化与传统文化相结合，不断地吸收和扬弃，让大众体育文化健康发展。

六、大众体育未来发展趋势

(一)大众体育活动社会化趋势

我国对大众体育的重视程度越来越高，政府和企业加入大众体育的行列，带领大众、带领每个家庭加入体育锻炼中，提高国民的健身意识，使大众体育真正落实到人们的生活当中。花费大量的人力、物力培养了大批的体育指导员，让群众在指导员的指导下朝着正确的健身方式前进。

(二)大众体育现代化趋势

随着科学技术的不断发展，大众体育的方式、手段和设备都与时俱进，跟随现代化步伐前进。在设备方面，采用了最新型投影器和现代处理技术，这大大拓宽了大众视野，培养了大众体育活动的兴趣。通过多种形式的技术和设备，大众体育可以更好地发挥其自身功能。

(三)大众体育实用化趋势

借助现代化手段，将大众体育的内容、形式、时间等向实用化的方向推进，灵活多变的体制给了群众更多进行体育活动的选择，增强了自主性。利用现代化手段不仅能做到理论知识的培训，还能结合群众自身情况制定最为合适的健身方案，把握跨项目组合，将增强体质作为最终目标。

(四)大众体育综合化趋势

大众体育的功能不再是单一的增强体质，还包括提高人们的生活质量、职业能力以及综合素质等。由于地区间经济发展程度不同，加上气候、地理位置、生活习惯等方面的差异性，各地区的体育项目、内容、形式都具有差异性。我国是一个地域广阔、人口众多的国家，必须设立大型的体育组织网络，通过组织不同形式、不同规模的体育活动，促进大众体育的综合发展。

第二节 大众体育发展研究

一、大众体育发展现状

大众体育作为体育事业的重要组成部分，已经在全国范围内展开。但是，大众性体育活动的普及面不广，地区之间发展不平衡。大众体育的核心是人，而它的发展壮大则是依靠经济发展，同时还受到地域、职业等多种因素的影响。我国因为地域辽阔，长期处于一种经济文化发展不平衡的状态，而且对于大众化体育，不同的地方有着不一样的管理和发展理念，这就使体育资源分配、体育参与和体育权利的使用等方面产生不平等或不平衡现象。体育是属于大众的，不应该受到任何的限制。所以，建立一种相对健全的带有中国特色的体育体系是当务之急。目前处于全民健身的重要时期，发展大众体育需要创新意识，因此必须优先掌握大众体育具有的多元性特征和区域性特征，促进不同区域的大众体育协调发展，从点到面地进行普及工作。

二、分析城市大众体育发展模式

大众体育该如何发展，这一方面会影响体育事业的发展进度，另一方面也会对体育事业的发展方向有着重大影响。不断满足人民大众健身的基本要求是大众体育的产生基础，必须惠及广大的老百姓。而大众体育的发展依靠的是经济实力，一直以来，我国处于城乡二元化结构，这导致经济发展不平衡，在短期内很难消除城乡之间的差异。所以从农村、城市和城镇体育三个方面分析，希望能够建立符合中国国情的大众体育发展道路。采用这种非均衡式的发展模式，有助于发展城镇大众体育。

大众体育的这种非均衡式的发展模式势必会持续一段时间。由于我国的特殊国情，发展大众体育不可能一蹴而就，它是一种持久的工作。形成这种非均衡式的发展模式主要是由三个方面的因素造成的，分别是城市、农村以及城镇。来自三个层次的运动员，因为受发展体育运动所需各种因素的影响，所以在体育竞技能力上会存在很大的差异。既然这样的贫富差别、城乡差别以及工农差别在短期内是存在的，那么采取均衡式的发展模式显然是不符合实际发展需要的，这样就必须采用非均衡式的发展模式。根据我国的经济发展状况，这种局面只是一个过渡过程，随着城乡差距逐渐缩小，那么大众体育的发展也会因为经济实力差距的缩小而趋向于均衡。

那么究竟该采取什么模式的非均衡发展呢？这里有三种模式可以选择：一是城市体育起带头作用，首先发展城市体育，然后让城市体育去带动城镇以及农村体育的发展；二是加快速度推动农村体育的发展，先缩小与城镇体育之间的差距，再带动城市体育的发展，一步一步缩小城乡体育之间的差距；三是优先发展城镇体育，从而影响并带动城市与农村体育。采取第一种模式，那么城市体育会越来越发达，农村体育则会越来越落后，这样很容易引起两极分化；如果采取第二种模式，先推动农村体育的发展。由于农村的基础设施以及文化意识相对落后，会造成一定的资源浪费，所以，采取城镇辐射城市和农村是最优的非均衡发展模式。

三、发展城市大众体育方法

大众体育的发展重点是必须开展全民健身活动，增强人民体质，使得竞技体育和大众体育能够协调发展。因为职业、地域以及年龄的差异，针对不同的人群需要制定不同的政策,进行分类指导。不仅需要制定政策,而且还要监管部门积极配合,将发展大众体育的工作量化和细化,制定相应的标准,确保大众体育能够在相对完善的制度下得到有力的执行。

政府部门需要制定政策,然后确保执行;同时还需要加强市民参与大众体育的意识。如今社会竞争压力大,人民群众无论是从身体上还是心理上都存在很大的负担,同时大多数青年人身上都存在生活不规律和饮食不健康的情况,这些都会导致国民身体素质急剧下滑,这就需要大力宣传大众体育,促进人民群众参与体育锻炼的积极性。加强市民的体育意识。首先,通过大量的统计分析,广泛了解市民的体育爱好,有的放矢;其次,利用现在的多媒体工具,如广播电视、电子显示屏等积极而广泛地宣传大众体育的思想和相关的知识;再次,建立地方大众体育组织,培养大众体育干部,在基层群众中加大推广力度,通过组织大众体育运动竞赛活动,推动大众体育活动的开展;最后,开展各种丰富多彩的趣味体育项目、体育知识竞赛和文化比赛,通过比赛加大宣传力度,同时让广大市民参与其中,体验大众体育带来的乐趣。

四、竞技体育对大众体育的影响研究

(一)竞技体育为大众体育提供了宝贵的场馆资源

中华人民共和国成立 60 多年来,我国大众体育取得了长足的进步,群众体育健身场馆遍布城乡。目前,我国各类体育场馆超过 85 万个,是中华人民共和国成立初期的 200 倍以上。然而这个数字与发达国家相比则有着很大的差距。当前我国发展大众体育面临的最为紧迫的问题仍然是体育场馆资源的严重匮乏。而与此同时,各种大型体育赛事,如北京奥运会、广州亚运会和深圳世界大学生运动会等大型综合性体育赛事和国际单项体育赛事相继落户中国,而且各地积极举办全国运动会、城市运动会、全国体育大会等全国及地方大型综合性和单项体育赛事,建设了一批新的体育场馆设施,成为全国最大的体育固定资产,这也是发展体育产业的宝贵资源和重要载体。

随着大众健身浪潮的全国性普及,人们日益增长的健身娱乐需求与相对匮乏的体育场地设施现状之间的矛盾日益凸显,竞技体育训练比赛场地走向大众化已经是大势所趋。北京、广州、深圳、上海等城市,正在探索行之有效的办法,希望通过一些策略来解决体育场馆向社会大众开放所带来的诸如安全、管理、设施损耗等一系列问题。重庆市奥体中心设置了面向市民的免费开放日,深圳市近百家体育场馆在节假日期间免费向市民开放,在为市民提供健身场所的同时,还能提供专业化、科学化的健身指导。

(二)竞技体育为大众体育提供了丰富的项目资源

随着北京奥运会、广州亚运会等大型运动会在中国的举办，以及中国网球公开赛、ATP大师赛上海站等职业化体育赛事落户中国，人们参与体育运动的热情被极大限度地激发。曾经被称为"三大贵族运动"的网球、台球和高尔夫随着李娜、彭帅、郑洁、丁俊晖、张连伟等国内一批高水平运动员的崛起而走向了普通民众。2004年雅典奥运会李婷、孙甜甜获得女子网球双打冠军，在国内掀起了一股网球热潮；李娜、郑洁、彭帅等优秀选手在职业网坛所取得的成就更是刺激了众多青少年投身网球运动，而在社区和健身俱乐部的网球场上，也聚集了越来越多的网球人口。而"台球神童"丁俊晖的横空出世，更是引起了一系列的连锁反应，以一人之力拯救了处在萎靡中的中国台球运动，中国台球产业开始迅猛复苏，并且让这项一度在中国沦为街头运动的项目重新焕发生机，披上了一件高贵的外衣。这些运动员的成功说明，可以通过个人的示范效应带动一项体育运动在中国的发展和繁荣，可以引导更多的青少年参与到这项运动中来，带动一项体育产业向着大众化的方向迈进，从而推动体育赛事、体育器材、体育场馆等一系列的市场资源开发，承接某些职业体育从西方到中国的产业转移。目前，很多中国品牌已经成为世界职业体育赛事的器材提供商，也通过组建群众体育俱乐部提供了载体。

(三)竞技体育为大众体育提供了优秀的人力资源

竞技体育与大众体育之间人才资源的流动壁垒，并不是牢不可破的，甚至在某种程度上，可以起到相互促进、相辅相成的效果。坚持以人为本、服务为先，大力发展公共体育事业，是当前我国体育发展的主要方向。体育人要树立符合当前我国体育事业发展方向的大体育观，促进竞技体育与大众体育的协调发展。一方面，要通过大众体育来培养更多的满足多元化需求的体育人才，尤其是要着重培养社会体育指导员和群众体育骨干。另一方面，应该充分利用竞技体育优秀人才，通过多渠道、多层次的培养途径来满足社会体育的需求，从而带动社会大众参与体育锻炼，营造全民健身的良好社会氛围。

在我国，退役运动员的安置问题长期以来困扰着竞技体育主管部门。以往，退役运动员的出路相对较窄，更多地偏向于在竞技体育行业内、体制内就业，然而最终能够走上专业教练员岗位的运动员只能是极少数，大部分运动员面临再就业的艰难选择。而当前，大众体育与体育产业蓬勃发展，人们参与体育健身娱乐的热情极大地提高，但是在健身的过程中缺乏科学化、专业化的健身指导，而拥有丰富运动训练经验、了解运动项目规律的退役运动员恰恰可以解决这个难题。

从竞技体育向大众健身领域的转型,既为运动员退役后的发展走向提供了新的思路与可能,同时又为大众体育事业的发展提供了优秀的人力资源。

(四)竞技体育为大众体育提供了财务资源

当前我国大众体育的经费来源包括国家各级行政财政拨款、社会团体或个人集资、社会团体或个人捐助或赞助、群体部门经营性创收及其他形式等。1996年以来,我国体育彩票的发行量逐年增加,从1996年的12亿元,到2016年已突破200亿元。以竞技体育为依托的体育彩票的发行,为我国大众体育的发展提供了重要的资金支持,体彩公益金在极大程度上弥补了大众体育事业经费不足的问题,对促进体育事业的发展做出了重要贡献。

五、浅论建设大众体育强国的对策和措施

(一)深化体育管理体制改革,逐步实行群众体育社会化管理

体育管理体制和运行机制是影响我国群众体育发展的根本原因。主要表现在群众体育官办不分;基层组织队伍发展不健全以及经费来源渠道少,基层财政困难等。根据我国改革开放以来的成功经验以及国外的先进发展模式,以政府监督、社团管理,明确分工、相互协调;地方体育行政部门及相关部门密切配合、科学指导,走社会化管理是群众体育管理体制改革的发展方向。首先,政府应该转变职能,制定群众体育发展宏观规划和政策,把握群众体育的发展方向;以财政拨款、彩票公益金及相关资金给予资金保障;加强政府的监督、指导、建议职能。其次,加大社会团体管理职能,包括各行业、各部门的群众体育组织应积极组织实施和加强管理各种群众性体育活动,并且在业务指导和专业技术等方面,向体育活动中心、俱乐部、活动站等提供大力支持;在筹集资金上利用各种优惠政策,加大资金的筹措力度和渠道,保证群众体育活动的顺利开展;管理各类技术资格认证与考核等。最后,在税收、市场准入等相关政策上向个人和企业倾斜,使他们积极参与进来。一是采用捐资、赞助、参与活动或建设等使企业参与进来;二是以门票优惠、发放活动卡等形式引导群众积极参加体育活动。地方政府以及各级体育行政部门积极配合制定相关规章制度、做好相应的发展规划以及提高相应公共服务,使我国的群众体育管理体制成为适应社会主义市场机制、充满活力的运行机制。在我国,群众体育管理体制改革是一个渐进、复杂的过程,涉及方方面面。在借鉴国外先进管理经验的同时,应结合我国的国情分阶段、分步骤逐步推进,也可试点推进,以点带面,全面铺开。

(二)加快群众体育法制化、制度化建设,为群众体育健康发展提供保障

"法规制度建设是群众体育持续、快速、健康发展的重要保障。"改革开放以来,我国的群众体育的法规建设已经取得了显著的成就,但是与国外相比,我国群众体育相关的法规制度建设还比较薄弱。法制意识淡薄、法制落实不到位、执法难度大、操作性差等问题还比较突出。国外的经验表明,针对性强、完整配套的法规制度是大众体育组织形式、场地规划管理、活动内容和经费筹集的基本保证。国外立法的特点是:首先,保证大众体育工作与本国的经济发展同步,并且日趋完善;其次,制定专项法律,明确大众体育的经费来源;最后,大众体育立法详细、具体,普遍关注各个阶层、各种群体、各种环境条件下的群众体育的特殊要求。在借鉴国外法规制度建设优点的同时,首先要认真落实已有的法律法规,在此基础上,进行法规制度的创新,进一步制定和完善群众体育法规体系,如全民健身服务业税收优惠政策的制定、公益性群众体育组织资金筹集机制的建立、体育场馆设施的经营管理制度的规范以及体育保险制度的立法等,特别是在体育场地设施的运营管理以及社会体育指导员的培训制度等方面,国外的一些经验值得借鉴。地方各级体育行政部门要根据本地区的实际情况,依法制定出相应的体育行政管理规章制度,保证国家的法律法规得到正确贯彻和执行。

(三)加强体育场馆设施建设和管理,夯实群众体育发展基础

体育场馆设施是群众从事体育活动的基本条件,其数量、质量及使用价格等直接影响人们参加体育锻炼的积极性。与国外相比,我国在场馆设施的数量上还有较大差距,在短时间内还无法满足群众体育的需求,在一定程度上制约了群众体育活动的开展。目前我国的体育场地设施还存在较多问题,如大型体育场馆闲置和群众性基础体育设施不足的现象并存;学校、企事业单位的体育设施的利用率还较低;健身路径的建设位置还待改进;经营性体育健身场所缺乏统筹规划和必要的管理措施等问题还比较突出。群众体育是一项公益事业,政府在加大投入力度的同时,也要通过多渠道引导社会资金积极参与,建设和改善群众体育活动的环境和物质条件;同时,优化体育资源的合理配置,提高群众体育资源的效益;加强体育场馆设施的管理措施,为群众参与体育活动创造良好的软件和硬件环境。具体措施主要有:制定有关体育场馆设施的专门政策或规划,对体育场馆的建设数量、标准以及位置进行规划,并且纳入城市、农村发展建设的一部分,以达到合理使用的目的;政府体育部门应该和基层政府合作,共同提高基础性体育设施资金,加强城市社区、乡镇的健身活动室(站)的建设,有条件的地方,可以配备一名体育社会指导员,参与活动室(站)的运营和管理;具有一定规模的体育场馆

与体育健身俱乐部合作，条件成熟的情况下，允许企业参与体育设施的经营和管理；引导社会资金参与，实行谁建设、谁管理、谁经营的原则；加大开放学校和企事业单位的体育设施的力度，明确管理各自职责，提高利用率；设立体育场地设施的专门资金等。

(四) 开展休闲体育活动，发展全民健身服务产业

随着我国经济的快速发展，开展休闲体育活动，发展全民健身服务产业是我国群众体育向大众化、多样化发展的目标之一。满足不同大众阶层的体育需求，引导群众提高锻炼质量与活动品位是社会发展的需要。随着休假制度的实行、劳动时间的缩短、休闲时间的增加、人民生活的富裕，以体育活动作为休闲方式的人群越来越多，如健身美容、增强体质、玩耍、交友以及消遣解闷等。同时，发展体育彩票、体育器材、体育服装、体育赛事等全民健身服务产业有利于提高人民的生活质量和我国体育运动的普及程度；有利于扩大内需，拉动经济增长；也有利于转换发展体育事业的运行机制。休闲体育在我国虽然已经起步，但与国外发达国家相比，还有较大的发展空间。为了积极开展休闲体育活动，发展全民健身服务产业，认真贯彻落实国家"十三五"时期文化发展规划纲要的精神，把全民健身服务产业发展成为"十三五"时期我国文化发展的重要组成部分；体育行政部门与其他相关部门一起制定相关政策，特别是在税收等方面给予优惠政策，培育全民健身服务产业的发展环境；建立适合社会主义市场经济发展的社会化管理机制；培育具有市场经营和体育专业知识的复合型人才；把开展休闲体育作为政府体育发展规划的重点内容之一。

六、大众体育消费研究

(一) 大众体育消费呈现明显的阶层分化

改革开放以来，我国在政治、经济、文化和社会发展等各个方面发生了巨变。社会阶层结构的变迁表现为传统阶层的衰落，一些阶层出现瓦解和重组，新兴阶层产生，社会各阶层之间的关系发生了重大变化，一种新型社会结构逐渐形成。根据中国社会科学院"当代中国社会结构变迁研究"课题组的研究，以职业分类为基础，以组织资源、经济资源和文化资源占有状况为根据，认为现阶段，我国社会已分化为由 10 个社会阶层组成的社会阶层结构。他们是国家与社会管理者阶层，经理人员阶层，私营企业主阶层，专业技术人员阶层，办事人员阶层，个体工商户阶层，商业服务人员阶层，产业服务人员阶层，农业劳动者阶层，城市无业、

失业和半失业人员阶层。在该结构中，不同阶层所处的等级位序也初步确立起来。

20世纪80年代以前，我国社会分层对于体育消费的影响是微弱的，这一阶段，国家是把体育事业作为向人民无偿提供的福利事业。改革开放以来，尤其是20世纪90年代后期随着社会主义市场经济体制的确立，体育产业化的发展和社会阶层结构分化的加剧，使得社会分层对于家庭体育消费的影响日益凸显，社会阶层不同，体育消费态度、消费行为也存在差异：有的人总是去公园、广场等收费低廉的大众体育消费场所；有的人总是去高档俱乐部或会所打高尔夫或保龄球；有的人运动时只要是穿件运动衣就能凑合，而有些人非品牌不穿。从表面上看，这也许与个人的兴趣、偏好有关，甚至是从方便出发的一种选择性倾向，但背后却体现着极其强烈的阶层分化，尤其是收入的层级化，即有没有一定的经济支持，成为能否消费这种"闲暇"的必要条件。因此，随着阶层间收入差距的扩大，体育消费的阶层化现象日趋明显，在一定程度上，体育锻炼成为一个人身份地位的象征，对消费地点和消费价格的选择受到阶层意识的支配。

个人的消费需要和支出受到许多非经济因素的影响，一般来说，社会上层人士的体育消费更加侧重于满足精神方面的需要，更加关注通过体育消费行为显现其阶层应有的特征。而社会下层正好相反，他们的消费核心是为了满足治病防病、健身娱乐的需求，通过体育消费体现他们阶层归属的愿望则相对较弱。因此，不同阶层对体育消费的项目选择、场所选择都不相同，保龄球、网球、高尔夫球等活动成为上层人士的体育消费时尚；社会中层人士通常具有较强的健康意识和观念，经常从事简单实用的健身锻炼方式，诸如跑步、游泳、打球、跳健身操等；而社会下层人士的健身运动观念淡薄，积极性不高。另外，社会阶层对体育消费的影响往往是通过社会规范、生活方式、社会交往方式等因素表现出来的，即不同地位的人属于不同的生活圈子。特定圈子里的人，通过特定的生活方式限制外人进入，以此作为自己与他人区分或内部认同的标志。如高尔夫球俱乐部会员多为私营企业主和经理人员阶层。

（二）从社会分层视角研究大众体育消费

研究大众体育消费，以社会阶层为指标进行体育市场细分将更有效。根据不同的理论体系和不同的分层目的，社会分层标准有很多，如生产资料的占有、财富和收入、组织权利、社会声望、组织技能、受教育程度、消费偏好、象征性权利、信息资源占有、职业等。比较共同的看法是要全面地把握社会分层的状况，就要使用比较综合的标准而不是单一的标准，这样人们就设计了各种各样的社会经济地位综合指数体系，产生了很多测量和分析的模型。

研究大众体育消费，以社会阶层来研究体育消费将易于标准化。社会阶层可以量化，可以利用各种精细的量表，而且它的可靠性和有效度都很高。此外，不必调查或访问体育消费者，就可以通过个人的社会阶层，包括个人收入、职业、教育状况、消费偏好、生活方式、价值观念和生活态度等来了解这个人，更好地分析体育消费者的体育消费态度和行为，有助于企业制订最为有效的营销计划。

研究大众体育消费，以社会阶层来研究体育消费将更易于透视体育消费的特点。体育消费是一种以精神消费为主的多目的消费，是在收入达到一定高度，即进入小康以后物质生活的满足得到保证的条件下才逐步凸显出来的一种消费，消费的目的主要是求健康、求享受，即精神上的满足，人们之所以要以付费的方式出钱买流汗，是在达到锻炼身体目的的同时，也将个人的消费时尚、生活品位和事业有成与消费实力等内容展示给公众。因此，体育消费不同于日常生活消费，它受非经济因素（如个人价值观、体育消费态度等）的影响更大，而社会阶层恰恰最能反映出价值观和生活态度的区别，因此，从社会阶层视角研究体育消费将更易于透视体育消费的特点。

随着中国改革开放的进一步深化，社会主义市场经济体制基本建立，中国工业化、城市化社会初具雏形，中国社会阶层的分化趋势将减缓，新生社会阶层渐趋稳定，社会阶层结构和体系变化将更多地表现为各个阶层内部数量和规模的变化。多级化的社会阶层结构基本形成，但各阶层结构比例尚不合理，所以社会流动仍然很广泛，通过学历教育产生的垂直流动和通过地域或职业变动产生的横向流动还会很普遍。形成结构合理、开放、有序流动的社会阶层体系，是我国实现全面小康的重要基础。整体而言，现阶段我国的社会阶层结构尚处变动之中，有待调整。社会各阶层的边界正在明晰化，社会的经济资源、组织资源和文化资源有向上层积聚的趋势，合理、公平、有序的社会流动模式尚未完全形成。

（三）对不同层次的体育消费进行指导调控

国家要从宏观上对体育消费进行调控，缓解和解决贫富分化问题是国家第一要务。根据国际上通用的基尼系数（0.4为贫富差距的警戒线），我国目前社会阶层的贫富差距已经超过了警戒线，这将直接影响到全面小康社会目标的实现和社会主义和谐社会的构建。因此，要促进体育消费，就要着力缓解和解决我国社会阶层收入差距和贫富分化问题。只有保证了体育消费市场有一个稳定而庞大的消费群体，才能使体育产业的发展得到强劲的支撑。

加强区域层次合理调整，根据不同区域的经济条件和体育消费水平，充分利用体育资源，满足多层次体育消费需求。首先，税收、利率、用地、资金和价格政策等经济政策是调控和管理体育市场的重要依据和手段。建议通过制定差别税率和减免税政策，鼓励社会投资大众体育消费项目的经营活动。在用地政策方面，要鼓励中低档次体育设施和体育场馆建设，扩大体育场馆等设施对大众的开放，努力实现体育资源社会共享。反之，对于奢侈性体育消费经营活动，如高尔夫球，要通过高税收和严格的土地审批制度予以限制。其次，体育市场管理部门要积极开展市场调查，逐步开发周边小城市、小城镇和农村体育消费市场。

企业要根据大众体育消费的发展趋势，进行合理的体育市场细分和定位，并采取有效的目标市场战略。企业要以社会阶层为依据，并根据体育消费类别的不同特点，选择有利的市场作为营销对象，估计和细分市场的规模和潜量，预测竞争者在该细分市场的地位，并预测企业在该市场上可能获得的市场占有率，最后采取有效的目标市场战略。

中国工业化、城市化进程的加快，使人们的经济状况得以大大改善，用于生活必需品之外的消费能力不断提高，消费观念和消费意识发生了显著变化。体育作为人们增进健康和丰富业余文化生活的重要手段，必然会成为生活消费的选择，成为一种消费需求。不同社会阶层对体育市场的需求是不同的。体育产业生产部门组织生产，确定生产目标，都要以体育消费者的需求为依据，以销定产，以需求刺激生产，以需求拉动体育市场。因此，有效的营销战略应该是根据不同的社会阶层，将体育市场细分成具有相同特征的不同部分，设计满足各部分需求的体育产品和体育服务。

(四)发展与大众体育消费相适应的体育产业链

一是健全体育组织，提高体育产业人员素质。体育机构和组织作为体育消费者与体育产品之间的一个桥梁，要对体育产品的开发进行科学的预测、深入的调查和策划等运筹工作；做好体育运动普及的各项指导工作，制定体育经营活动的从业条件和服务规范；促进产业人员的思想素质、心理素质、业务素质的提升，使他们能够对消费者进行周到的服务和悉心的指导，成为高质量的体育服务人才。同时要大力做好社会体育指导员的培训、上岗等方面的工作，充分发挥退役运动员、体育教师的特长和作用，鼓励他们积极传授体育健身和保健知识，引导并促进广大人民群众参与体育消费的热情，使人们真正体会体育消费带来的益处，从而吸引广大的消费者进行更多的消费。

二是重视体育产品的开发与营销。体育消费需求的多样化，迫使体育产业在全方位、多层次地开发产品时要注重产品适用对象的层次性，满足不同年龄、不同类别和特点人群的消费需求，细分体育消费市场，锁定消费群体。要以体育健身娱乐市场和体育竞赛表演市场为主,大力发展向消费者提供健身、健美、康复、娱乐活动的场地、器材、技术指导和咨询服务的产业,包括健身娱乐、竞赛表演、体育旅游、体育中介、体育彩票、信息咨询和技术培训等业态,着手建立体育人才、技术、资金、信息等要素市场,努力培育新的体育消费热点。

三是鼓励体育产业的多元化经营。体育运动是一项富含激情、活力、精彩与刺激等多种体验的活动,其社会性、亲和力、感召力强且具有受众面大、立体性强等多元化的特点,受到了不同行业的青睐。要充分利用社会资源发展体育产业,鼓励和引导社会各行业、境内外企事业单位和个人参与体育市场的开发与投资,把握好他们对体育的专注和情感,使他们在被体育吸引之时延续其参与的广度和深度,为大众提供多元化的、良好的体育消费环境。积极发掘和创新各种与体育息息相关的新颖的、富有特色的产品,引入新的服务方式、服务理念,如通过消费者的"球迷认同"来发展相关的明星服装、纪念品、餐饮、俱乐部等市场。

四是注重与体育相关部门的建设。一个城市的体育发展,需要其他部门的支持与配合。为了更好地使人们从事体育锻炼、休闲与观赏,就需要取得交通运输、服务接待、社会治安、餐饮、检疫等部门的有机配合,形成一个以体育为中心的服务网络,让前来锻炼、休闲、观赏的人们心情舒畅,实现健康发展、服务大众的要求。

综上所述,无论是从政策制定、市场管理、企业经营,还是从各阶层进行科学体育消费的角度,都迫切需要对不同阶层体育消费的特征和规律、影响不同阶层体育消费的主要因素、不同阶层体育消费的发展趋势、不同阶层应该遵循的最佳体育消费模式等一系列问题做出回答。

第七章　全民健身新模式
——生态体育的开发研究

第一节　生态体育研究

一、生态体育形成和确立

工业革命以前，尽管出现了阶段性、区域性的不和谐，但是人与自然整体上还是保持和谐的；工业革命后，社会生产力有了质的飞跃，人类由利用自然变成了征服自然，人是自然主宰的思想占据了统治地位。尤其是20世纪，科学技术突飞猛进，工业发展不断升级，生产了大量的物质财富，向大自然抛撒了大量废弃物，超过了自然的负荷，使环境问题日益尖锐，人与自然深刻对立。1962年，卡逊的《寂静的春天》以大量的事实第一次就环境问题的严重性向全世界敲响了警钟。卡逊的这部书拉开了"生态学时代"的序幕。经过几十年的发展和生态运动的实践，到20世纪90年代以后，绿色生态意识已经成为全球化意识形态领域的重要组成部分，生态运动的理念已广泛渗透到政治、经济、科学技术、文化教育、体育等领域。缘于生态运动的可持续发展思想和战略已经成为全球各国的共识。在生态运动进程中，人们从体育与自然环境、体育与社会人文环境的关系中反思现代体育，逐步形成了生态体育思想。

（一）自然环境保护

近现代体育在100多年的发展历程中与环境保护也是冲突不断，在奥运会的举办中表现得最为显著。奥林匹克运动体现了人类灿烂的文化与文明，但造成的空气、水资源、噪声、垃圾等环境污染和植被、某些动物栖居地的破坏却在危及人类的生存环境，奥运会后大量场地、设备、设施空闲，资源浪费现象突出。第16届法国阿尔贝维尔的冬季奥运会毁掉了30多公顷森林，数以万计的动植物失去了赖以生存的根基，这造成了严重的生态危机；一些国家或地区为举办大型体育比赛兴建体育场馆或兴建高尔夫球场、滑雪场而破坏大片植被森林,也造成了对自然环境的严重破坏。而封闭的体育馆、塑胶运动场、人工草坪尽管为现代体育提供了良好的场所,却与完善人性、回归自然的体育本质背道而驰。人们为了开展体育活动而破坏自然生态环境、自然资源,破坏了人与自然的和谐,已经成为无可回避的现实问题。

早在20世纪70年代,奥运会与生态环境的尖锐冲突,就引起了国家社会和环保主义者的强烈抗议。如1972年的美国丹佛市迫于生态环境组织的压力让出第12届冬奥会的举办权,1974年温哥华也由于同样原因而撤回第12届冬奥会的举办申请。至此,一些有识之士就开始注意到了体育运动可能对环境造成危害,开始关心环境、关注体育运动中的生态思想,但是仅停留在体育与自然环境的二元技术层面。20世纪80年代以后,奥运会的规模和影响越来越大,参加的人数激增,为了消除和减小奥运会对生态造成的负面影响和祸患,以国际奥委会为代表的体育界及相关人士开始对开展体育运动的行为和理念做出反思和多方面努力。1991年国际奥委会对奥运宪章做了修改,新宪章要求申办奥运会的所有城市从2000年起必须提交一项环保计划。在1994年国际奥委会将环境与体育、文化一起并列为奥林匹克精神的三大支柱,并将保护环境的条款写进了《奥林匹克宪章》,1995年成立了体育与环境委员会。1999年制定的《奥林匹克运动21世纪议程》要求申办国和举办国在越来越严格的环境标准下举办奥运会。国际奥委会一系列举措明确传达了一个信息:正确处理好体育活动与环境保护的关系,已经刻不容缓。奥运会中的环境保护是沿着这样一条路线发展的,即从体育场馆建设和体育比赛中考虑环保因素,然后逐步扩大到举办城市的基础设施等方面。从1972年,奥运会开始有意识地宣传环保。1994年利勒哈默尔冬奥会是奥运会环保史上一个新的起点,标志着奥运会与环境保护的自觉结合。2000年悉尼奥运会标志着"绿色奥运"比较成功地落实。

(二)体育与社会人文环境的保育

社会人文环境指的是社会人文现象、文化氛围以及社会政治、经济等,实际上涉及人类社会对自然环境的保护和利用。自然生态环境的恶化,往往是由社会人文环境的破坏所致。生态学认为,人类面临的生态环境危机本质上是文化危机,其根源在于人们旧有的价值观念、行为方式、社会政治、经济和文化机制的不合理。

现代体育随着经济、文化、科学技术、教育等社会人文环境的变迁,获得了巨大进步和繁荣。但是,现代体育也存在着过度的畸形消费、体育暴力行为、假体育、体育腐败、滥用违禁药物、歧视妇女、种族歧视、邪教对体育的渗透和利用,以及过度的职业化、商业化、体育文化"物种"多样性的逐渐丧失、大众体育和学校体育远远滞后于竞技体育的发展、体育现象中人的异化、不规范的体育产业等隐忧,严重破坏了体育社会环境的生态平衡,制约了体育的可持续发展,使体育的人文精神受到挑战,同时也冲击和剥离着人类追寻健康、文明、幸福生活的美好理念。在广泛开展的奥林匹克运动中,人文精神在其恢复之初就得到了确立,在过去的一个世纪里,人文精神曾得到很好的发扬,但遗憾的是它也曾屡遭忽视,尤其在最近的几十年里人文精神遇到了前所未有的挑战。过度注重体育对人的生物功能的作用而忽略了人的精神及身心和谐发展,破坏了体育的公平公正精神,破坏了人与人、人(运动员)与自身的和谐,使奥林匹克崇高的人文理想越来越远。国际奥委会和其他体育组织采取了一些针对性的措施,如提出"健康环境中的健康比赛"的口号;签署了"地球的保证";通过"禁药条例";奥运会期间"确认实行奥林匹克休战";"统一体育组织,废除种族隔离";承认并组建了"国际公平竞赛委员会""国际反对体育暴力联合会""国际反对体育暴力运动基金会"以及"世界反兴奋剂机构"等机构。前国际奥委会主席罗格针对体育的社会人文环境提出了"更干净、更人性、更团结"的新奥运格言,真正体现了世界各民族平等以及全人类的和谐发展,从而为全球体育与奥林匹克运动未来的发展创造了广阔的生态空间。国际奥委会也希望通过北京奥运会实现东西方体育文化全方位地交流沟通,为奥林匹克运动注入更多的东方文化内涵,为化解奥林匹克文化全球性问题所带来的生存和发展困境提供机会,使非西方体育文化由边缘参与到世界体育文化体系中去,并从全球文化生态上改变西方文化中心主义的非正常状况。2008年北京奥运会"人文奥运"理念的提出,标志着奥林匹克运动回归文化本原,并与社会人文环境的保育紧密结合。

2008年北京奥运会提出的"绿色奥运""科技奥运""人文奥运"三大理念获得国际奥委会的认可,表明奥林匹克运动不仅将体育与(自然)环境保护结合起来,而且将体育与社会人文环境的保育完美地结合起来,从而标志着生态体育作为奥运核心理念的最终确立,也表明生态体育已经逐步趋向成熟。正如生态学者指出的那样,2008年北京奥运会将是一种全球化、信息化时代的生态奥运会,既需要和谐的生态服务功能支撑,又需要资源节约型的高新科技支撑,更需要天人合一的传统文化支撑:绿色奥运+科技奥运+人文奥运=生态奥运。这种见解是非常深刻和有见地的。生态奥运是生态体育最典型的表现,在生态体育理念下,当代世界各国在体育与经济的发展、体育与社会的发展、体育内部体系协调发展的方针等方面逐步趋于共识,加强了体育生态服务功能、体育生态管理体制、体育生态保育意识,这标志着全球体育进入了一个新的历史发展期。

二、我国推进生态体育建设存在的问题

(一)我国对生态体育内涵的探讨

我国对生态体育的研究基本上是在21世纪进行的,有为数不多的学者对生态体育的概念和内涵进行了探讨,当前的研究基本上可以区分为两类,第一类是"浅层生态"体育,将生态局限于自然生态,强调在自然环境中进行体育活动;第二类是"深层生态"体育,对生态的认识突破自然生态的范畴,同时涵盖了社会人文生态,既注重自然环境,也强调社会人文环境。尽管这些表述有所差别,但是也可以包括以下一些特征:自然性(在户外场景中进行)、和谐性(包括人与自然、人与自身、人与人和谐)、人文性、科学性、娱乐性。当前生态学从植物和动物生态学扩展到人类生态学,从自然科学延伸到社会和人文科学,生态学原理在心理学与人类行为的研究中得到广泛应用,所以生态既包括自然生态,也应包括文化生态。结合前面对生态体育形成历程的回顾和上述分析,笔者尝试给生态体育作如下定义:生态体育是指在体育现象中体育主体倾注生态意识和生态思维,以对生态环境破坏最小和资源的永续利用为导向,使体育与文化、生态环境相互协调、相互关怀、共生共融的体育理念。

(二)对生态体育的认识存在误区

对生态体育的认识主要存在以下几个误区。

(1)在自然环境中进行的体育活动就是生态体育。生态体育固然是非常重视自然生态因子(如阳光、空气、水、植物等)和地理环境因素(丘陵、山脉、沙漠等)的价值,但是更强调体育主体的生态意识和生态思维,否则,必将破坏自然生态环境。如珠峰攀登,本来是向高山的一种挑战和探险,现在由于商业化,很多人可以上去,留下一堆堆的垃圾,影响了生态环境;据说北京香山也因晨练和平时登山的人过多,生态遭到破坏,水源逐渐枯竭,连飞禽也大量减少……所以说,自然环境充其量是生态体育的必要非充分条件。生态体育必须注重自然生态与人文生态的和谐统一。

(2)生态体育没有竞争性。部分人士过于强调生态体育的自由性和娱乐性,将生态体育与竞技体育对立起来,认为生态体育不具有竞争性或具有弱竞争性。即

使生态体育的特性在大众体育中表现得更为直接,而在竞技体育中表现得相对隐蔽,我们也无法否认竞争性是体育的基本特征之一,自然生态体育也不例外。就是一些个人性质的体育项目,如蹦极、野外生存、汽车野营等也需要与自己竞争、与自然竞争、与生存环境竞争,从而超越自我、超越自然。

(3)生态体育无须高科技的支撑,甚至将其与科学体育对立起来。生态体育具有和谐性的特征,其中人与自身的和谐是最基本的,为了人自身的和谐发展,科技与体育的结合是必要的,将最新的科技成果运用到大众体育、学校体育和竞技体育中,包括人类自身生理的完善,体育设施、器材、环境的改进,体育技术的改进,运动中的安全防范等。其实,力求科技与体育的完美结合,体现人与自身的和谐是生态体育的终极目标。

(三)体育主体的生态意识淡薄

生态体育中体育主体包括了一切与体育相关的个体和体育组织。个体如体育教师、体育参与者、教练员、运动员、裁判员、场馆工作人员、体育指导员、体育观赏者等。体育组织包括国际、国内的各种体育组织、体育社团和政府、企事业单位的体育机构等。我国公民的环保意识和生态观念正在逐步提升,但总体来说这种意识还是比较淡薄,与一些发达国家和地区相比有比较大的差距。在体育主体中,体育组织、体育机构对环境保护和生态平衡的维护扮演了重要的角色,如国际奥委会,积极参与环境保护和促进可持续发展,在各个国家申办、筹办、举办奥运会过程中均提出各种环保要求,以保证奥运会对环境污染和生态破坏减少到最低限度。政府和体育机构的生态意识也有差异,美国由于政府和公民的生态环保意识强,在洛杉矶、亚特兰大两届奥运会上均利用现成的体育场馆而没有专门新建场馆;而有的国家政府和体育机构由于生态环保意识弱一些或考虑到其他的需求,大量修建体育场馆设施。

三、生态体育的价值目标:生态文明

生态文明观是针对生态危机、环境污染、资源枯竭以及政治问题、经济问题和社会问题而提出的一种全新的文明观,它是现代文明观的发展,是对工业文明的一种扬弃,它主张利用生态的规则、规律及原理作为基本观点和方法,来处理人与自然、经济发展、社会等方面的关系。在人类文明的发展进程中,现代体育作为一种积极的人类行为和特殊的社会文化现象,一直伴随着社会的发展、文明的进步而发展,并对人类的进化和社会的发展起到了巨大的促进作用。由奥林匹克运动和大众体育构建而成的现代体育文明,保持强大的发展势头,且正以它特有的形态、丰富的文化内涵影响着21世纪人类文明的行程。

然而植根于西方工业文明的奥林匹克运动不可避免地打上了工业文明的烙印，染上了工业文明的恶习，使现代体育面临着来自环境、政治、经济、文化、道德、科技等方面的挑战，严重影响和制约了现代体育的可持续发展。可以说，生态体育正是在生态文明观的指引下，沿着自然环境与社会人文环境两个维度对现代体育进行全面反思和多方面努力而形成的，使现代体育牢牢地抓住科学精神与人文精神的契合，化解其所面临的环境危机和人文危机，从而有利于通过体育实现人与自然、人与自身、人与人之间的和谐。可以看出，生态体育是一种科学的体育发展观。生态体育的总目标是实施国际奥委会制定的《奥林匹克运动21世纪议程》，在以生态建设保障生态体育的同时，以生态体育促进人、城市和区域的可持续发展。

生态体育是生态文明的内涵之一，它在推进生态文明、构建和谐社会的进程中，具有独特的价值和作用：通过生态体育，促进世界人民相互尊重，容忍和理解不同的文化差异，尊重各民族和区域的传统体育，保持体育文化的多样性，使体育文化的多元化和跨文化得以实现；通过生态体育，保持促进世界人民的相互了解、友谊和团结，让体育更广泛地为人类的协调发展而服务，促进和平的社会秩序的建立，以维护人类的尊严；通过生态体育，用生态教育各国人民，形成生态意识和生态思维，保护和合理使用自然环境与资源，提高体育竞赛资源利用的效率，将自然生态、经济生态和人文生态的理念融入21世纪的生态体育精神；通过生态体育，消除性别歧视，着力加强妇女体育和青少年体育，推进老年体育和残疾人体育，鼓励各种人群参加体育，行使体育权利；通过生态体育，促进以体育运动为先导的国际技术和文化领域的合作以及人类从工业社会向生态社会的转型；通过生态体育，促进人的观念改变，全民生理、心理素质的提高和全社会的生态文明建设，促进城市和农村环境的快速改善，促进生态资产的快速积累和区域生态服务功能的快速加强，激励城乡产业的生态转型，促进经济的健康运行和社会可持续能力的培育。

从体育以健康为初衷到体育以生态为旨归的进步中，人们不难发现，这不是一种形式上的转变，而是体育价值观和体育发展观的改变——体育不仅具有健身、娱乐、教育、经济等功利色彩、商业韵味，更有着为世界自然环境和社会人文环境的改变做出独特贡献的精神，有着面向自然、以人为本、关怀未来、推动可持续发展战略实施的独特品质。

四、生态体育的发展前景展望

东西方体育的起源与发展，实际上都是体育与生态环境的关系史，在原始体育和自觉体育阶段，体育与生态环境是和谐共存的，但是在工业革命以后尤其是奥林匹克运动恢复以来，体育与环境的关系开始若即若离，而在近40多年的时间里，更是形成了体育与环境相悖，造成了人、体育与环境三者之间失去平衡的支点，冲击着人与自然、人与自身、人与人之间的和谐，导致了现代体育难以持续发展。经过一批有识之士和国际奥委会等体育组织的反思和努力，形成了生态体育思想，为现代体育的发展找到了一剂良方，引领着21世纪体育发展潮流。2008年北京奥运会，是一届融合了绿色奥运、科技奥运、人文奥运三大理念的生态奥运会，是体育和生态紧密结合的实例，也是对生态体育思想实践的最大检阅。生态体育对于加快北京跻身现代国际大都市的步伐，促进北京乃至中国的可持续发展均产生了重要的影响。而且这届奥运会也是当前以西方体育文化为主的现代奥林匹克运动与以中华民族传统文化为代表的东方文化的交流、碰撞和融合，反映出东西方体育文化的整合态势、根本追求，进一步完善了生态体育，使生态体育成为"独一无二的文化遗产"的组成部分，为全球的可持续发展奉献典范。生态体育指明了现代体育的发展方向，希望生态体育对人类社会产生更积极的正面效应，使人类社会朝着无污染、和平、公正、科学、和谐的方向发展。

第二节 生态体育模式研究

一、城市生态体育模式的构建与应用

(一)构建生态体育场的问题

1. 人口压力过大，生态系统失调

人口激增导致城市人口压力过大，人类对自然资源的需求超出了城市生态系统的承载能力。生态系统的平衡遭到了破坏，无法和环境交换人类所需要的物质和能量。而且，城市在发展经济的时候并没有坚持科学发展，盲目地扩大城市面积，砍伐森林，占据绿地，破坏青山绿水，导致生态系统严重失调。

2. 城市污染严重

目前，城市的环境状况不容乐观，有来自各方面的污染，例如，空气污染、水污染、垃圾污染、噪声污染等，严重影响了市民的身心健康。如果体育场周围的空气有来自工厂排放的废气和取暖排放的气体，那么这些有害气体就

会经过人的呼吸进入肺部，导致一系列疾病，很多有害物质还会溶解于水中，市民饮用了被污染的水，会出现健康问题。而且，城市的噪声污染也很严重，有交通噪声、工业噪声和建筑施工噪声等，市民在一片噪声中锻炼身体不仅没有任何积极的效果，反而会给生命健康带来许多危害，影响听力和心脏，也不利于身体健康。

3. 城市建筑的不利影响

随着时代的发展，现在的城市几乎都是高楼林立、人口密集，建筑工程的实施和自然环境的相处并不和谐。第16届法国阿尔贝维尔冬季奥运会修建的体育场毁掉了30公顷的森林，这导致数以千计的动物失去了家园，造成了严重的生态危机。因此，建设体育场馆必须考虑自然环境因素，不能以牺牲自然为代价。

(二)建设城市生态体育场的建议

生态体育场理应满足生态体育的需要，不仅要具备健身、竞技的功能，还需要营造和谐的自然、文化环境。要以生态经济和市民意愿为导向，优化并配置体育设备资源和服务，以集约型经营推动体育场的功能多样化与生态化，坚持科学发展观，不能为了建设体育场而破坏生态系统。

建设生态体育场应该以融合自然、文化，促进市民幸福和维护和谐社会为目标，需要合理设计体育场的布局与功能，考虑到外部环境因素和内部资源的承受能力，要从自然、经济、政治、文化和科技等方面综合考虑，确定体育场的布局与功能定位，挖掘内部的有效资源，避免体育场的周围存在环境污染。构建生态体育场，不仅要深入地分析城市的自然环境、经济形势、市场文化需求和设备技术等重要因素，而且要建立合理的管理机制，通过生态管理机制、文化机制、激励机制、合作机制、约束机制、竞争机制、运行机制等，科学有效地管理并运营生态体育场，使其发挥出最大的社会服务价值。而且，生态体育场的功能日趋多样化，不是简单的健身与锻炼，而是要为市民提供专业的训练条件，为跨社区、跨省份和跨国家的竞技比赛提供优越的场所，达到教育教学和外交的功能。为多元化的竞技比赛提供和谐友好的环境，开展休闲、文化娱乐活动。

开展生态体育，构建城市体育场，必须认知到生态背景，遵循生态系统的发展规律和城市的承受能力，坚持生态学的基础原理，始终把可持续发展作为目标，遵守人与自然和谐相处的原则，向文明、健康、绿色、舒适、高效的友好环境发展。始终与自然环境保持和谐友好的关系，在遵守自然规律的同时要发挥人类的主观能动性，学会创新，开展多种启迪智慧的体育活动与游戏，营造积极健康有趣的娱乐文化活动，不断地树立生态体育环境意识，完善生态体育模式，建立体育环境学科体系，从而促进生态体育的发展，打造文明城市，维护社会的和谐与稳定。

二、体育生态系统的各要素和谐发展

美国社会学家杜肯把社会生态系统称为"生态联合体"，包含四个要素：人口、组织、环境、技术（DOET）。这四个要素的分类具有较强的科学性，由于体育生态与社会生态有较大的相似性，因此也可以把体育生态系统归结为四大生态要素：体育人口、体育组织、体育环境和体育技术。

生态型的体育发展体系就是要实现体育与人的和谐以及体育与自然环境和社会关系的和谐，要确立体育生态化的价值理念，树立和谐、可持续发展观，实现体育、人、自然、社会的全面协调发展，从而保证现代体育运动的可持续发展。

(一)体育生态系统的要素

体育人口一般是指经常从事身体锻炼、身体娱乐，进行专项训练的人，它反映了人们对体育的参与程度，也是经济和社会发展程度的一个重要标志。在体育生态系统中它既是出发点又是归宿点。

体育组织是以达到健身、娱乐、竞技、政治、经济等为目的的一种组织，它具有组织的一般特征：具有特定的目标和目标体系，组织成员角色化，有权利分层体系和科学化管理体制，还要具备一定的物质条件。国际上较大的体育组织就有国际奥林匹克委员会、联合国教科文组织、政府间体育运动委员会、国际体育联合会总会等十几个，还有很多的俱乐部组织。

(二)体育生态系统各要素相互关系

生态型体育体系，就是要实现四大生态要素：体育人口、体育组织、体育环境和体育技术相辅相成、和谐发展。体育生态化的内涵，就是要实现体育与人自身的和谐以及体育与自然环境和社会关系的和谐，要确立体育生态化的价值理念，树立和谐、可持续发展观，实现体育、人、自然、社会的全面协调发展，从而保证体育运动的健康可持续发展。

(三)高新技术引领体育生态化

1. 体育的技术化及其特点

体育生态化必须有高新技术的引领，"科教兴体"是中国体育发展的一个重要方针，也是各国发展体育事业的一项重要方针。在当代社会中，科技已经成为日常生活中的重要组成部分，体育的发展需要科技的支撑，这已经成为一条毋庸置疑的客观规律。

2. 高新技术促进体育生态化

建构生态型体育过程中的许多课题，都是要通过高新技术来解决的，就目前的条件而言，这虽然不是唯一的方式，但至少是最便捷、见效最快的方式。所以，生态型体育不仅离不开高新技术，相反还需要建立起一个覆盖体育基础设施建设、体育训练与教育、体育赛事组织管理、体育宣传等各个领域的高新体育技术体系。

(四)广泛宣传促进体育生态化

1. 培育体育生态化理念的重要意义

提出"生态体育"价值理念，这有利于人们了解和掌握体育活动中何种行为是正当的，是对生命发展有益的；何种行为是被异化的，是对身心发展不利的。这样，一方面有益于体育事业的发展，对未来体育的可持续性发展将起到积极的借鉴作用；另一方面，也有益于通过体育活动的社会宣传力和社会影响力，来培养公民的生态体育理念，促进社会发展的生态化，同时指出科技大发展的时代背景下科技对体育运动的双重影响，进而提出在生态化的视角下探讨如何合理运用科技规避风险，使体育与人、自然、社会实现和谐统一，保证体育可持续发展。

2. 宣传是培育体育生态化理念的重要途径

新的体育理念也需要新的宣传模式。竞技体育赛事尤其是重大赛事，公众关注度较高，采取生态化的体育宣传模式，不仅有利于建立生态型体育发展体系，还有利于以此为平台，向全社会宣传人与自然和谐、人与社会和谐、人自身的身心和谐等生态理念。

(五)体育生态化实现的体制和机制保障

1. 体育生态化实现的体制保障

"十三五"时期是我国社会实现科学发展、和谐发展的关键五年，也是建设体育强国、推进体育事业实现新发展、新跨越的重要阶段。"十三五"期间，广大人民群众日益增长的体育需求和社会体育资源相对不足之间的矛盾，仍然是我国体育事业发展中的主要矛盾。特别是在群众体育领域，政府提供的公共体育服务不足，体育场地设施建设、组织体系建立、科学健身指导等诸多方面与广大人民群众的需求存在较大差距,已经成为我国在建设体育强国过程中的基础性薄弱环节。

(1)政府宏观调控下的生态体育。从当前世界体育运动的发展趋势上看,体育已不单单是一场体育赛事那么简单,它已经和民族声望、国家声誉联系在一起,已成为一种政府行为,同时也融入了民族和社会的情感,所以体育的发展需要国家的宏观调控,政府应在遵循市场客观规律的基础上,通过经济、法律、行政手段对体育资源进行宏观调控。从大局出发,从长远利益出发,实现社会的生态文明,实现现代体育运动的可持续发展。

(2)市场行为下的生态型体育。2008年北京奥运会后,我国调整现行的体制,体育这一上层建筑由"举国体制"向市场机制转变。伴随着政治、经济、社会的发展,体制也是在不断更新。政府的投入逐步减少,市场和社会将决定竞技体育的发展。

2. 体育生态化实现的机制保障

要想实现体育生态化首先要做到:第一,建立改革创新机制;第二,建立整合机制;第三,建立动态机制;第四,建立激励机制;第五,建立保障机制。各有关部门及相关市政府组织在落实好已有政策的同时,采取相应措施加强法制建设,五项机制相辅相成、互为作用、互为关联。只有加大对社会的宣传力度,建立体育人才管理系统,才有可能为实现生态体育做好机制保障。

三、学校体育生态化的理论构想

(一)学校体育生态化的内涵

从狭义上讲,学校体育生态化的含义是:将生态局限于自然环境,强调在自然环境中进行学校体育活动;从广义上讲,学校体育生态化的含义是:对生态的认识突破了自然生态,同时还涵盖了自身与社会人文生态,即通过在自然生态环境和社会生态环境中开展的体育运动。具体表现为人与自身、人与社会、人与自然三大和谐在内的整体动态和谐。

(二)学校体育生态化的特点

1. 学校体育生态化以人与自身的和谐为目标

人与自身的和谐体现在生理、心理和形体三方面。人类一直把学校体育作为个体优化的工具,通过学校体育使自身人性完善、人格健全、人体完美,获得人与自身的和谐,保持人体内外部的平衡与协调,人与自身是否和谐是衡量学校体育生态的一个重要指标。人类社会文明程度越高，人们越是关注自身的生存环境质量、关注自身的健康。良好的教育思想是学校体育"以人为本"教育生态发展的土壤、气候和阳光。没有良好的教育思想，就没有良好的体制与制度。构建学校体育"以人为本"的生态教育思想，不是对现有学校体育教育体制与制度的否定，而是对现有学校体育教育体制与制度的丰富与发展。学校体育"以人为本"的生态教育思想，必须把"人"放在学校体育的首位，要尊重"人"这一生命的固有元素；此外，要构建学校体育"以人为本"生态体育课堂，这就要求学生在运动参与过程中不仅要获得运动素质、身体机能等生理效应，还要获得生命的快乐、自由和情感。

2. 学校体育生态化以人与社会的和谐为条件

一般来说，社会环境是指人类生存及活动范围内的社会物质、精神条件的总和，例如，政治环境、经济环境、学校环境、家庭环境、村落环境以及城市环境等。社会环境一方面是人类精神文明和物质文明发展的标志，另一方面又随着人类文明的演进而不断地丰富和发展，所以社会环境又称文化—社会环境。整个社会环境是一个大的生态系统，学校只是其中一个小的生态系统，是人为的生态环境。政治已经成为学校体育主要生态因素之一。在社会主义国家里，学校体育遵循客观规律为广大学生服务，可以增进学生的健康，增强学生的体质。从物质、能量等方面的投入可以反映出经济对学校体育的制约，而学校体育作为经济和社会发展的基础工程，能够通过各级人才的培养，促进经济的发展。

社会体育的大环境始终与学校体育息息相关，每一次体育热、每一次国际大赛、每一块金牌的争夺，没有一次不在校园中掀起波澜。但同时恶劣的社会环境将直接影响着体育活动的开展，影响着学校体育的变迁。体育暴力行为、假体育、体育腐败、滥用违禁药物以及过度的商业化体育——这些行为将会严重破坏学校体育生态环境。因此，学校体育生态化的建设，应融合政治和经济，以人与社会和谐为条件，推动学校体育的发展。

3. 学校体育生态化以人与自然的和谐为基础

人类存在的客观实在性决定了人与自然环境的关系是在改造和被改造的过程中不断发展、演进的。学校体育运动的发展过程中所需要的物质资料都是从自然环境中直接或间接获得的，自然环境提供了体育运动运行和发展的场所、资料，并影响和制约着体育的运行和发展。

学校体育自然生态包括学校所处的地理环境、自然条件等自然环境和建筑、绿化等人工环境。不同的自然环境对人的心理、行为、情趣有着不同的影响，可以铸就不同的行为习惯、价值取向和文化态度。例如，我国北部地区喜欢冰雪运动，南方热衷水上运动，西部则经常开展登山、马术、摔跤、漂流等活动。

良好的自然环境不仅反映了学校的文化特色，而且能唤起人们对运动的渴望。例如，合理安排的学校建筑可以提供适宜的学习环境，可以给学生愉悦感，可以形成良好的学习氛围，更可以影响学校体育的开展。学校体育器材和场地也是自然环境的一部分，它对学生的全面成长，特别是对学生体育兴趣的培养，运动技能的掌握影响极大。学校体育自然生态还包括种树、种草、保留和改善原有生态和人文景观、大气污染的治理、消除噪声、消除光污染、交通便利、无公害材料在体育场馆中的应用、运动后垃圾的处理等，它主要体现体育运动与环境的表面作用和影响。学校体育生态化以人与自然的和谐为基础，人们不能因强调学校体育而忽视自然环境的保护，也不能为强调保护环境而限制学校体育的发展。

(三)低碳校园体育文化内涵

低碳校园体育文化内涵是指学校学生在体育文化建设中，减少二氧化碳排放量，尽可能减少消耗，使校园环境变得清洁、生态、环保、绿色的前提下，进行体育运动所产生或创造的物质产品、思想观念、思维方式、行为模式和制度，包括了师生在体育活动中发挥着价值引导、舆论支持、文化积累和行为规范等内容。主要包含了两个方面：一方面，认识到倡导低碳体育文化就是一种生态体育，要求学生在体育运动中低碳环保，并用实践行动创造低碳活动。另一方面，学校校园体育设施建设和使用必须低碳环保，节约资源，保证校园污染少、消耗低、消除噪声、光污染，以及无公害材料在体育场馆中的应用。低碳校园主要体现体育运动与低碳的作用和影响，改变校园里只发展体育而忽视生态保护，更多强调学校体育发展和环境资源的永续利用，尽可能减少二氧化碳的排放，提高能源利用率，从而构建和谐文明的校园，实现学校的可持续发展。

(四)学校生态体育发展的低碳文化构建的必要性

构建低碳社会是一项浩大漫长的工程，它需要全体社会成员共同努力去完成。体育教学在学校中起着重要作用，影响全校师生的行为。如果全国学校都注重低碳体育文化建设，使之成为"低碳文化"学校，一年便可以节省约210亿元，在促进低碳经济发展和自身发展方式转变等方面具有重大现实意义。因此，建设生态体育发展的低碳学校体育文化迫在眉睫。

1. 低碳体育文化推动阳光体育的内涵建设

阳光体育的主要目的是引导学生走出教室、走进大自然、走到阳光下。学生在户外运动中，能够感受到大自然资源的重要性。学校校园低碳体育文化要求学生在体育锻炼过程中，减少污染，降低二氧化碳的排放量，把生态文明理念渗透于阳光体育运动过程之中，意识到环境污染带来的负面影响。

2. 低碳体育文化延伸中国传统体育文化

中国传统体育文化讲究"中庸""以和为贵"，强调"和谐"为主旋律，要求人与人、人与自然、人与社会和谐。学校生态体育发展的低碳文化本质上追求人与自然、人与社会、人的自身和谐发展的身体运动形式，是学校体育可持续发展的保证，更是一种新的价值理念。要创造一个人与自然高度和谐，人与社会高度关联，人与人高度合作的氛围，使人、体育、环境之间能够和谐共生，共同发展。这是中国传统体育文化的最好延伸。因此，建设和谐校园是21世纪学校体育运动无限生命力的基础，它代表爱护自然、保护生态，标志着人、社会、自然系统的繁荣、发达、文明和进步，所以要把低碳放在首位，坚决杜绝在体育活动中对环境的污染。

3. 低碳体育文化提升个人综合素质

学校的主要任务是培养思想素质高、专业能力强的全面发展的综合人才。但目前我国学校普遍存在重视科学知识传授而忽视学生消费教育的问题，存在不同程度的浪费现象。其实浪费也是道德问题，提倡低碳健身消费就是培养节约品质，健全人格的教育。低碳体育强调回归自然，追求生态运动，满足学生缓解压力的需要，使其感受大自然的美，学会如何在体育运动中做到环保、节约。低碳体育最终使低碳文化成为学生日常学习生活的一部分，使学生把建设低碳校园看成是一种责任，通过低碳活动实践来提高自己的综合素质，达到品学兼优。

4. 低碳文化符合学校体育发展的需求

学校生态体育发展的低碳文化是在低碳经济理论、生态学理论、可持续发展理论等基础上衍生来的，具有较强的理论性和时代特征，是学校实行低碳理念的具体行动。学校体育追求大众生活化体育，旨在满足学生健身、卫生和娱乐的要求，是一种低消耗、环保的体育活动方式，注重人与自然和谐相处，服务于学校生态体育发展的低碳文化建设。为此，学校生态体育发展的低碳文化建设不仅符合学生低碳健身需要，还符合国家经济社会发展需要。

(五) 学校发展的高碳体育文化现象

1. 体育场馆的高碳化

当前，有些学校为了扩大影响力和知名度，拆除了一些陈旧的体育场馆，建设了大规模的、现代化的永久性体育场馆设施。这一方面浪费了大量的材料与能源，另一方面修建新场馆占用了大量土地，也破坏了当地的植被、土壤等自然要素，对当地的生态环境造成了长期的破坏。由于缺乏对现代化体育场馆使用的效益和投资经济的战略决策与合理性考虑，其结果是学校体育场馆普遍存在使用率低下的现象，好多体育场馆长期闲置，一年仅利用几次。并且，这些场馆大量使用不可再生、不能循环的材料，照明设备采用高耗能灯光，给学校造成了财政负担。其实，"景观"标志型运动场馆不实用，学校每年花大量资金来维护，对外开放成本也高，结果大大浪费了学校的资金和社会资源，也破坏了大量的植被。场馆配套大型的停车场、宽广的公路、空调、通风系统等，对大气造成了污染和破坏。

2. 运动会的高碳化

运动会能增强学生的体质，培养他们的意志力，但同时也带来了高碳现象。在运动会期间，学校将会购买大量的体育器材，有些器材可能运动会后不会再使用，有些器材在使用过程中被损坏，没有及时维护和保养。这样对体育器材的原料造成了巨大浪费，加上全校师生短时间内聚集到运动场，进而伴随垃圾剧增、噪声污染、运动场地损坏，以及其他因素出现大量的浪费现象。如秩序册打印，目前学校上万所，几乎每所学校每年都要举办各种形式的运动会，每次运动会秩序册至少打印50份，每份至少10页。不需细算，为此已经用去和将要用去多少箱纸，将要砍掉多少棵大树。倘若来个"运动会低碳化"，比赛大会秩序册全部采用电子版，校园低碳体育文化离人们将会近很多。

3. 健身方式的高碳低效化

追求健康体魄是学校师生共同的愿望，是人类进入文明社会的重要体现。但不少学生选择了消费运动，"花钱买健康"已成为学校学生的消费主流，大多数学生选择交费办卡加入校内外健身房或者高档运动场，甚至有些学生直接买些健身器材放入家里或学校中。他们缺乏正确的健身意识和科学健身的方法，盲目追随时尚，这导致其经常使用一些高碳低效化的健身方式。

(六)学校生态体育发展的低碳文化构建措施

1. 建设低碳体育场馆

学校运动场馆是广大师生运动的重要场所，也是学校碳排放大户。因此，在科学合理设计建设体育场馆时要充分考虑环保节能材料的应用，要求使用太阳能照明灯系统、水自然循环系统、场地降温等程控系统节能设施。墙壁采用中空玻璃,可以保温,还可以隔离噪声、接受阳光直射,从而解决了场馆的采光问题,更为师生提供了一个自然、清新的教学训练和休闲娱乐场所。大量使用节能电器产品,如,T8和T5日光灯具自动控电系统,通过传感设备对电灯、电器实行远程控制。在供水方面,采用无负压供水设备,屋顶可采用纤维石膏板,不仅保温、隔热效果好,还具有呼吸功能,能调节室内空气温度。此外,学校在多渠道筹集低碳设备的建设中,要加大监督力度,把低碳作为合格验收的重要指标,保证低碳场馆用自己的低碳服务去激发师生的健身热情,使他们在健身过程中形成低碳意识。

2. 培养低碳意识

学校是学生成长、走向社会的重要通道,是学生形成科学世界观和价值观的重要场所。低碳体育文化作为校园文化的一个重要分支,其低碳理念价值为人类所认可、传递和传播。低碳行为是一种美德、生活作风、工作态度,更是一种治国、治校的方针,在建设低碳社会中起着重要作用。因此,需要全体教育工作者对学生进行切实有效的低碳教育,营造低碳氛围,使学生成为传播低碳文化的种子。体育教师应该将低碳经济教育、环境意识教育、环境保护教育有机融合在体育教学目标中,指导学生认识高碳危害。在校内建立生态环境和低碳教育基地,培养学生低碳意识,使学生具有低碳的紧迫感和使命感,牢固树立低碳理念,争做低碳标兵,处处体现低碳文化,进而参与低碳行为。

3. 健全制度

在国外,各学校都有环保的专门管理机构进行监督,如美国成立了"气候变化应对协议校长联盟""环境改进委员会""高等教育可持续发展委员会"等管理机构,它们的主要职责是监督学校温室气体排放,目的是保护环境、节约资源。因此,我国教育部门应健全低碳操作管理制度,成立专门的环保机构,制定一套完善的评估指标体系和评估办法,不定期抽查检测评估各级监控评估管理体系,评估结果作为评价学校工作的重要指标。环保机构专家评估组应加强对学校修建运动场馆的监控力量,包括使用建筑材料的监督,以及监控学校有计划地设计与实施室外运动场地周边的绿化带,修复自然草坪运动区,开辟天然运动场地,为锻炼者提供生态与低碳运动场所。学校应由校长亲自负责体育工作者的培训工作和清查体育器材工作,及时更新运动器材,提高安全性,加强运动场馆节能减排工作检查,及时更新通风设施,降低噪声,减少环境污染。将废气排放降低到最低限度,校园内设置垃圾回收站和保洁指示牌、环保公益广告等。提高运动器材安全性,各种运动器材的使用既要符合国家标准,又要在实际使用中及时维护,确保运动时的安全监管。生态与低碳体育环境的建设是一个不断创新与可持续发展的过程，要通过各项措施的落实，使之符合低碳标准。

4. 增加绿地面积

学校生态体育发展、体育场馆建设在校园内应该合理规划，不要把标志型运动场馆作为校园"风景""形象工程"。科学合理地种植植物，确保一定数量和质量的植被面积在场馆周围，让健身者走进其中就有一种天然"氧吧"的感觉。保护校园运动场内外的绿色环境，避免因建设新运动场馆而破坏生态平衡，处理好平衡体育运动需求与生态环境之间的矛盾。推广一些对校园生态环境不会造成太多破坏的健身运动项目，如武术、太极等低碳体育项目，充分体现人与自然的和谐。

5. 研究低碳体育产品

增加科研投入，开发研制低碳体育产品，采用减少二氧化碳排放的新技术和新材料，减少对运动场地器材和产品的污染，使生产者和消费者都以低碳为宗旨，如在服装面料的选择上，纯棉比涤纶更低碳，1件250克重的纯棉T恤大约排放7千克二氧化碳，是其自身重量的28倍。而1条400克重的涤纶体育运动服装，在其生命周期中需要排放47千克二氧化碳，是其自身重量的117倍。墨尔本大学的研究表明，大麻纤维制成的布料比棉布更环保，大麻布料对生态的影响比棉布少50%，用竹纤维和亚麻做的布料也比棉布在生产过程中更节省水和农药。相比之下，棉、麻等天然织物不像化纤那样由石油等原料人工合成，消耗的能源和产生的污染物要相对较少。因此，鼓励运用纳米技术，采用天然有机材料为主研制体育产品，这些产品中的甲醛气体、铅、黏合剂等含量少，并且可以回收利用，最大限度地减少环境的污染。

我国"十三五"规划建议提出，坚持把建设资源节约型、环境友好型社会作为加快转变经济发展方式的重要着力点，深入贯彻节约资源和保护环境的基本国策。节约能源，降低温室气体排放强度，发展循环经济，推广低碳技术。学校是最前沿理念的发源地和最新技术的孵化地，在建设低碳社会中发挥引领和示范作用。因此，学校体育要大力发展低碳科技，自觉彰显低碳文化，积极探索建设低碳校园文化的方法途径，教育引导广大师生参与到低碳文化当中，不论在技术上还是在制度、观念上都需要创新，营造低碳、生态的校园体育文化环境，从而将低碳的理念和构建措施推广到整个社会。这样才能更加符合国家发展需要、人类发展需要和环境发展需要。

参考文献
References

[1] 国家体育总局. 刘鹏局长在2015年全国群体体育工作会议上的讲话[EB/OL]. [2015－01－23]. http：//www.sport.gov.cn/n16/n33193/n33208/n33418/n33583/6123486.html.

[2] 国家体育总局. 关于2012年援建全民健身路径工程的通知[Z]. 2012－06－13.

[3] 国家体育总局. 第六次全国体育场地普查数据发布[N]. 中国体育报，2014－12－26(3).

[4] 教育部. 普通高等学校体育场馆设施、器材配备目录(教体艺厅〔2004〕6号)[Z]. 2004－08－22.

[5] 中华人民共和国教育部发展规划司. 中国教育统计年鉴2013[M]. 北京：人民教育出版社，2014.